AF297546

# MONSEIGNEUR

# GONINDARD

## ET SON SACRE

DANS L'ÉGLISE PRIMATIALE DE SAINT-JEAN, A LYON

Le 10 Mai 1885.

I. Notice sur le Prélat. — II. Prières et Cérémonies.

## LYON

### LIBRAIRIE & IMPRIMERIE VITTE & PERRUSSEL

IMPRIMEURS DE L'ARCHEVÊCHÉ

—

1885

# M<sup>GR</sup> GONINDARD

## ET SON SACRE

# MONSEIGNEUR

# GONINDARD

## ET SON SACRE

### DANS L'ÉGLISE PRIMATIALE DE SAINT-JEAN, A LYON

*Le 10 Mai 1885.*

———

I. Notice sur le Prélat. — II. Prières et Cérémonies.

## LYON

**LIBRAIRIE & IMPRIMERIE VITTE & PERRUSSEL**

IMPRIMEURS DE L'ARCHEVÊCHÉ

———

1885

I

# M<sup>GR</sup> GONINDARD

### ÉVÊQUE DE VERDUN

———

JEAN-NATALIS-FRANÇOIS GONINDARD naquit aux portes de Roanne, à Perreux, chef-lieu de canton du département de la Loire, le 1er janvier 1838.

Son père, le docteur Gonindard, a laissé dans le pays une réputation de bienfaisance qui fait encore prononcer son nom avec estime et vénération par ceux qui l'ont connu. Il avait un soin tout particulier des malades pauvres et trouvait toujours du temps à dépenser pour eux. Appartenant à une ancienne famille du pays, respecté et aimé de tous, maire de sa commune, médecin de mérite, le docteur Gonindard semblait pouvoir n'attendre de l'avenir que des joies, quand il fut enlevé par une mort prématurée en 1840. Le jeune Natalis n'avait pas trois ans. Dès lors tout le soin de son éducation première incomba à sa pieuse mère.

*<br>
* *

M<sup>me</sup> Gonindard était une sainte femme, en qui on ne savait ce qu'il fallait admirer le plus, sa raison ou sa tendresse, sa force chrétienne ou sa rare piété. C'est à cette affectueuse école, c'est sur les genoux de cette mère vénérée que les germes heureux, qui devaient si brillamment se développer plus tard, furent jetés dans cette âme d'enfant. Aussi voyez l'action de Dieu dans le sanctuaire de cette famille : il y a là trois enfants, les bénédictions du ciel ne leur manqueront pas, soit dans les conditions ordinaires de la vie, soit dans les vocations privilégiées que Dieu leur réserve. Il permettra que celle-ci fonde un foyer nouveau tout entouré d'honneur, il prendra celle-là pour en faire, au monastère de Pradines, une religieuse bénédictine, morte naguère au milieu d'unanimes regrets, il se réservera le fils pour en faire un prêtre et plus tard un évêque.

*
* *

Le jeune Natalis habita Perreux jusqu'en 1850. Les voyageurs aiment, dit-on, à remonter les grands fleuves jusqu'à leur source, nous aimons à remonter jusqu'aux jours de cette heureuse enfance, pour y recueillir les moindres faits. Un jour, Mgr de Bonald, dans une de ses tournées pastorales, visita le vieil hôpital de Perreux. En s'y rendant, il rencontra le jeune Gonindard, qui jouait sur le chemin. Il remarqua ce petit enfant, à la figure ouverte, aux traits intelligents. Il s'arrêta pour le bénir, et il dit : « Cet enfant sera prêtre un jour et réjouira l'Église. »

Natalis apprit le français chez les frères maristes de Perreux. Plus tard il commença ses études de latinité, d'abord chez M. l'abbé Morel, aumônier de l'hôpital, et ensuite chez M. le curé Beneyton, qui lui fit faire sa première communion.

*
* *

Notre jeune orphelin n'avait que douze ans,

quand la mort vint frapper un coup plus terrible : sa mère fut enlevée à la fleur de l'âge, elle n'avait que trente-quatre ans.

C'est alors que les desseins impénétrables de Dieu l'envoient à Montbrison chez une tante, qui lui fait suivre les cours du séminaire de cette ville. Il y avait à la tête de cette maison, un supérieur, que tout le clergé lyonnais entoure de son affectueux respect, M. l'abbé Pagnon, aujourd'hui Vicaire-général et Prélat de Sa Sainteté, et qui certes n'est pas le moins heureux de ceux qui entourent en ce jour le nouvel évêque de Verdun.

Le jeune Gonindard allait passer ses vacances à Roanne ; c'est de ce temps que date son attachement pour Notre-Dame des Victoires de cette ville, et sa filiale affection pour le vénéré pasteur, M. Empère.

Cette affection, pasteur et fidèles la lui rendirent bien, plus tard. Sitôt qu'une circonstance un peu solennelle réclamait la présence d'un orateur, l'abbé Gonindard était appelé et les voûtes gothiques de Notre-Dame des Victoires retentissaient des accents aimés que les fidèles entendaient toujours avec joie. Et lorsque la mort ravit à l'affection de ses paroissiens, le vénéré M. Empère, il n'y eut qu'une voix pour demander en faveur du directeur de l'Institution des Chartreux la succession pastorale du regretté défunt. Si ce désir ne fut pas réalisé, il faut en trouver la cause dans la soumission obéissante que doit pratiquer, plus qu'un autre, un membre quelconque d'une société de prêtres.

*
* *

A Montbrison se dessinèrent les traits principaux de son caractère : intelligence vive, cœur généreux, bonté toujours égale, affabilité souriante ; il était très aimé de ses condisciples et de ses maîtres.

Ses études furent brillantes ; sa facilité de travail, sa mémoire heureuse, les tendances littéraires de son esprit lui assurèrent des succès sur lesquels nous ne voulons pas insister.

*
* *

Après avoir terminé sa rhétorique, il alla passer deux années, pour y suivre, les cours de philosophie et de mathématiques, au petit-séminaire de l'Argentière, qui laisse au cœur, de l'aveu de tous ses enfants, un doux et ineffable souvenir.

****

Alors se fit ce travail intime qui torture et qui embaume l'âme de tout aspirant au sacerdoce, ce travail de réflexion, d'examen, de décision sur la voie que Dieu ordonne de suivre : *Notam fac mihi viam in quâ ambulem.*

Comprenant déjà l'importance et la beauté du ministère de la parole, désirant les joies sacerdotales des réconciliations à opérer entre Dieu et les âmes, encouragé du reste dans ces légitimes aspirations, il demanda à entrer dans la société des Prêtres de Saint-Irénée, connus sous le nom de Chartreux, société de professeurs et d'ouvriers évangéliques, où n'ont jamais manqué les hommes d'étude et de travail, les missionnaires zélés et les prêtres vertueux. Le jeune Gonindard entra au noviciat de cette société en 1857, et le 21 décembre 1861, après de bonnes études théologiques, il fut ordonné prêtre dans cette même Primatiale, où il reçoit aujourd'hui la consécration des Pontifes.

****

Mais si l'homme fait des projets, Dieu n'en permet pas toujours la réalisation. L'abbé Gonin-

dard ne voyait guère que le ministère évangé-
lique ; il voulait être missionnaire, la chaire chrétienne l'attirait presque invinciblement, et voici
que sa vie tout entière se passera dans une maison
d'éducation ; ce n'est que par intervalles, par
échappées, qu'il pourra donner libre cours à ce
besoin d'évangélisation, qu'il comprend comme
saint Paul : *Væ mihi si non evangeliçavero.*

Il est d'abord professeur de quatrième dans
cette Institution des Chartreux, qui compte tant
de maîtres d'élite. Puis, ses supérieurs l'envoient à l'école des Carmes, à Paris, d'où il
revient, après une seule année, avec le diplôme
de licencié ès lettres. C'était le river davantage à
l'enseignement. Aussi passa-t-il encore sept
années à professer les humanités et la rhétorique. En 1871, M. l'abbé Thibaudier, alors
directeur de l'Institution, était nommé Vicaire-
général. M. l'abbé Gonindard lui succéda.

C'est dans ces importantes fonctions de directeur qu'il passa la moitié de sa vie sacerdotale,
doux et bon, accessible à tous, encourageant toujours, réprimant quelquefois, laissant invariable-
ment parents et élèves sous le charme de sa
délicate bienveillance. S'il devait donner un aver-
tissement plus sévère, la dernière chose à laquelle
on eût pu penser, ç'eût été de lui en vouloir.

Aussi était-ce entre lui et ses jeunes gens le com-
merce le plus affectueux. On a pu le constater, le
jeudi, 29 janvier dernier, jour où l'Institution des
Chartreux célébrait la fête de son Supérieur, M. le
chanoine Hyvrier. Au dessert de ce repas de
famille, deux élèves de philosophie ont présenté
à Sa Grandeur, en témoignage de leur reconnais-
sante et filiale affection, une crosse et un anneau
pastoral. Ces présents étaient comme le gage
d'une union indissoluble entre ceux qui restent
et celui qui s'en va.

*
* *

Tout en demeurant directeur de l'Institution,
M. l'abbé Gonindard fut appelé par ses supérieurs à remplir certaines fonctions qui indiquent
assez l'estime qu'on faisait de ses services. Lorsqu'on fonda l'école des Hautes-Etudes, M. Gonindard fut chargé de la correction des devoirs
de poésie latine.

En 1872, il entra sur le choix du supérieur-
général, dans le conseil de la Société des Chartreux, en qualité de secrétaire. Il en a rempli les
fonctions pendant douze années, et a été ainsi
mêlé à ces mille détails qui exercent à la mani-
pulation des affaires.

*
* *

Il n'a rien écrit de considérable; nous avons cependant de lui quelques pages qui sont la révélation de son esprit charmant et fin, délicat et cultivé. Il a prononcé, aux jours solennels de la distribution des prix de l'Institution, cinq discours dont voici les titres :

*Du devoir d'affirmer son éducation.*

*Causes et conséquences de l'oubli du respect.*

*Des amitiés de collège.*

*Du patriotisme dans l'éducation.*

*Du bienfait de la vie.*

Il a aussi publié une remarquable notice sur le monastère de Pradines, et deux autres sur M. l'abbé Berger, mort curé de Saint-Nizier, et sur Mgr Pavy, son compatriote, mort évêque d'Alger. Ses belles qualités d'écrivain le firent nommer membre du Conseil de rédaction de la *Revue hebdomadaire du diocèse de Lyon.*

*
* *

Mais s'il dut rester dans l'enseignement toute sa vie, l'abbé Gonindard fut du moins missionnaire le plus qu'il put, dans ses fonctions d'abord,

puis dans les œuvres de zèle qui lui furent confiées. C'est à lui que revenait la tâche de la prédi-
cation aux élèves de l'Institution, il s'en acquitta
avec amour et avec tact. — Chargé de la confé-
rence de saint Vincent-de-Paul, établie parmi les
élèves, avec eux il visitait les malades et sou-
lageait les pauvres. Ici, il y a bien des secrets que
nous devons taire, mais que les anges du bon
Dieu ont inscrits là-haut en lettres d'or. Qu'il
nous suffise de dire que l'abbé Gonindard était
très populaire dans les quartiers ouvriers de la
colline des Chartreux, et qu'il serait difficile de
dire le bien qu'il fit lui-même ou qu'il dirigea. —
Près de la maison des Chartreux et vivant à son
ombre, se trouve la petite Providence de Saint-
Bruno, maison fort intéressante dont les missionnaires sont comme les protecteurs et les conseil-
lers. L'abbé Gonindard, *le Père*, comme on
aimait à l'y appeler, eut pour cette maison une
grande affection, lui rendit de nombreux services et y fit un grand bien. — Enfin une autre
œuvre, particulière à notre cité qui sait étendre
ses sollicitudes bienfaisantes à toutes les situa-
tions, connut aussi les bienfaits de sa direction
prudente et éclairée. Elle s'appelle la *Congré-
gation des adultes de Saint-Charles*. Tous les
dimanches, sous la tutelle des sœurs de Saint-

Charles, qui renoncent volontiers à goûter ces jours-là, quelques heures d'un repos bien mérité, des jeunes filles au nombre de plusieurs centaines, ouvrières ou employées, n'ayant guère de temps à leur disposition pendant la semaine, se réunissent pour étudier et pour prier. Ce sont des âmes à diriger, à éclairer, quelquefois à préserver ; plus d'une y a senti souvent la salutaire influence du directeur. Ce zèle, Mgr Gonindard le portera à Verdun, et les œuvres de ce diocèse sentiront vite qu'elles sont connues, soutenues et encouragées de leur évêque ; cette charité si familière à tout enfant de Lyon, il la fera déborder autour de lui sur tout ce qui peut souffrir ou pleurer.

*<br>* *

Puis, quand les vacances venaient donner au maître des jours de liberté, il en profitait pour prêcher et prêcher encore, soit des sermons dans les paroisses, soit des retraites dans les communautés religieuses. Outre les belles qualités de l'orateur qu'il possède, c'est un improvisateur merveilleux. Il a parfois des envolées superbes, et il marche sur les sommets, *super excelsa gradiens.*

Dernièrement, il abordait un ministère nouveau pour lui et qui ne fut pas sans succès : il prêchait les retraites pastorales des diocèses d'Annecy et de Tarentaise. Il est à croire qu'il ne désertera pas ce ministère fécond, auquel le caractère épiscopal donne une si grande importance.

*
*  *

Lorsque sur la fin de 1884 divers sièges épiscopaux de France devinrent vacants et qu'il fallut s'occuper de la nomination de nouveaux titulaires, le premier sur lequel le ministère et la nonciature se mirent facilement d'accord, fut Mgr Gonindard. Le 1er janvier 1885, jour anniversaire de sa naissance, fut signé le décret de sa nomination à l'évêché de Verdun. Ce fut une joie pour tous, car tous ceux qui le connaissent sont ses amis. Le riche et le pauvre lui tendent la main ; ses confrères des Chartreux l'entourent de leur cordiale et respectueuse affection, Mgr Thibaudier, évêque de Soissons, son confrère de la Société des Chartreux, et Mgr Isoard, évêque d'Annecy, son illustre ami, le présentent, au jour de son sacre, au Prélat consécrateur, Son Eminence le cardinal archevêque de Lyon, premier supérieur de la société des

Prêtres de Saint-Irénée. Le cardinal Donnet, dont il porte aujourd'hui la croix pectorale, lui avait témoigné son amitié, sa paternelle estime, en le créant, en 1875, chanoine honoraire de Bordeaux.

Et maintenant le voici évêque. Un nom de plus s'ajoute sur le livre d'or du clergé lyonnais. Pourquoi ne pas redire ces noms glorieux ? L'église de Lyon a le droit d'être fière et de se complaire dans la contemplation des années écoulées. En jetant les yeux sur le nouvel évêque de Verdun, elle ne peut s'empêcher de voir se lever toute une légion de Pontifes et de se dire avec orgueil et avec joie que ses labeurs n'ont pas été inutiles au bien des âmes et à la gloire de Dieu. Sa maternité est féconde, sa fécondité est comblée d'honneur.

Mgr Gonindard appartient par sa naissance à la région roannaise, à cette région qui a donné à l'Eglise Mgr Retord, le martyr de l'Annam, Mgr Pavy, évêque d'Alger, Mgr Odin, archevêque de la Nouvelle-Orléans, Mgr Blanc, évêque en Corée, Mgr Dubuis, évêque de Galveston.

Il est membre de cette maison des Chartreux qui a vu élever aux honneurs de l'épiscopat Mgr Mioland, archevêque de Toulouse, Mgr Lacroix d'Azolette, archevêque d'Auch, Son Eminence le cardinal Donnet, achevêque de Bordeaux, Mgr Cœur, évêque de Troyes, Mgr Dufêtre, évêque de Nevers, Mgr Loras, évêque de Dubucque, Mgr Plantier, évêque de Nimes, Mgr David, évêque de Saint-Brieuc, Mgr Callot, évêque d'Oran, Mgr Thibaudier, évêque de Soissons.

Il est enfant de ce diocèse de Lyon, qui a formé encore Mgr Chalandon, archevêque d'Aix, Mgr de Jerphanion et Mgr Lyonnet, successivement archevêques d'Albi, Mgr Bravard, évêque de Coutances, Mgr Rossat, évêque de Verdun.

Qu'on nous pardonne cette énumération complaisante ! La mère des Gracques, en montrant ses fils, disait : Voici mes joyaux. L'Eglise de Lyon peut tenir, elle aussi, ce fier et tendre langage. On ne peut trouver mauvais que nous nous enorgueillissions d'une mère ainsi honorée, et nous aimons à la saluer encore avec sa couronne toujours brillante de fils dévoués et de serviteurs bons et fidèles.

*<br>* *

L'Eglise de Verdun, dont Mgr Gonindard devient le cent-deuxième évêque, a des origines aussi anciennes que glorieuses. Elle s'honore d'avoir pour fondateur saint Saintin, qui fut disciple de saint Denys, premier évêque de Paris.

Si, comme on le croit généralement de nos jours, saint Denys de Paris est le même que saint Denys l'Aréopagite, l'église de Verdun touche de bien près aux temps apostoliques.

Durant les deux premiers siècles qui suivirent sa fondation, ses évêques ont été canonisés sans interruption. Au total, douze de ses Pontifes sont honorés comme saints par l'Eglise catholique. Ces hommes de Dieu rendirent la piété si florissante dans Verdun, qu'ils lui méritèrent le titre de « *Ville pieuse* ». Cette appellation, grâce à Dieu, est encore justifiée de nos jours.

« Notre église, est-il dit dans l'*Histoire ecclé-siastique et civile de Verdun*, a donné au Saint-Siège un Souverain Pontife et des cardinaux éminents en vertus et en science : elle a été honorée de la présence de deux autres papes, qui ont consacré les deux principales églises de cette ville. Enfin les empereurs, les rois, les princes lui ont donné des marques de leur vénération et de leur bienveillance; ils lui ont accordé les droits les plus nobles qu'ils ont pu démembrer de leur souveraineté. »

Après avoir fait partie successivement des royaumes d'Austrasie et de Lorraine, puis de l'empire d'Allemagne, le pays de Verdun fut long-temps aussi gouverné temporellement par ses évêques. On sait les vicissitudes historiques des Trois Evêchés. Le roi Henri II les incorpora définitivement à la France en 1552. Depuis lors les évêques de Verdun n'ont gardé que le titre de comtes.

En 1801, l'évêché de Verdun, supprimé par le Concordat, fut incorporé à celui de Nancy. Mais il fut rétabli en 1822.

Ce diocèse est suffragant de Besançon. Il possède un clergé nombreux et instruit, et une population de près de trois cent mille âmes.

Mgr Gonindard est le second prêtre lyonnais qui s'asseoit sur le trône de Verdun.

*<br>* *

Les armes du nouvel évêque sont de gueule à la croix longue, les trois croisillons patés d'or ; terrassée de sinople, accostée à dextre d'un lion contourné d'argent, à sénestre d'un dauphin d'or ; au chef cousu d'azur chargé d'une étoile rayonnante d'argent, avec cette devise : « *De cruce ad lucem* — de la croix à la lumière. »

En voici l'explication : la croix est la pièce principale de ce blason, elle désigne le prêtre de la société des Chartreux, dont la devise est : *Tout par la croix de mon adorable Jésus.* Le lion et le dauphin sont les armes du Rhône et de la Loire, auxquels appartient l'évêque de Verdun. Enfin le chef donne sa signification au blason. La devise proclame ce fait divin que la croix produit la lumière ; ou bien cette vérité de philosophie chrétienne que la douleur est une gerbe de lumière, et enfin ce double fait personnel : Mgr Gonindard a été ordonné prêtre sous Pie IX, qu'on a appelé *Crux de Cruce*, et sacré évêque sous Léon XIII, que l'on désigne sous le nom de *lumen in cælo.* — *De Cruce ad Lucem.*

*<br>* *

Le lendemain de son sacre, le nouvel évêque de Verdun ira demander à Notre-Dame de Fourvière sa spéciale bénédiction pour sa personne, son diocèse, son clergé, ses fidèles, ses œuvres. Il veut mettre dès le premier jour son épiscopat sous la maternelle protection de Celle que les lyonnais aiment tant. Puis il portera en Lorraine, au pèlerinage si fréquenté de Benoîtevaux, les trésors d'amour filial qu'il ne pourra plus dépenser ici.

*
* *

Que le Cœur de Jésus et l'Auguste Vierge Marie bénissent ce Pontificat nouveau ! Et en voyant partir le nouvel évêque pour son lointain diocèse, souhaitons-lui toutes les prospérités.

Monseigneur, *ad multos annos !*

II

# LE SACRE

## CÉRÉMONIES ET PRIÈRES

On l'a dit souvent, et le répéter aujourd'hui, c'est presque redire une vérité banale, rien n'égale la pompe et l'éclat des cérémonies de l'Eglise catholique. Mais il semble qu'elle réserve, parmi toutes ces splendeurs, ce qu'elle a de plus majestueux et de plus touchant pour ces occasions solennelles où, selon le langage de l'Ecriture, elle prend à terre un pauvre être humain afin de le placer parmi les princes de son peuple, *suscitans à terrâ inopem... ut collocet eum cum principibus populi sui.*

Lorsqu'elle prend le jeune lévite par la main pour lui faire monter, degré par degré, les mar-

3

ches du sanctuaire, lorsqu'elle lui confère les saints ordres, lorsqu'elle le fait prêtre, elle déploie ses magnificences qui frappent les esprits, et va chercher dans son cœur de mère des accents de tendresse qui remuent les âmes et font couler des pleurs. Qui a pu voir, sans en être profondément attendri, les cérémonies d'une ordination, et la prostration des lévites, et les bénédictions du Pontife qui, mitre en tête et crosse en main, demande à Dieu de bénir, de sanctifier et de consacrer ces élus, et l'imposition des mains par tous les prêtres présents, et le baiser de paix qui circule dans tous les rangs ? Ce spectacle est un des plus émouvants que l'on puisse voir.

Mais quand elle veut donner à un prêtre la plénitude du sacerdoce, quand elle veut le faire asseoir sur le trône des Évêques, elle déploie toutes ses magnificences et toutes ses splendeurs. Pour l'ordination des lévites, un évêque suffit ; pour la consécration d'un Évêque, elle demande la présence de trois Pontifes. Les cérémonies sont plus solennelles et plus graves, le symbolisme plus profond et plus touchant. Nous allons nous en convaincre en suivant les différentes phases des cérémonies du sacre : l'examen, la prostration, l'onction de la tête et des mains, l'offrande, la tradition de la crosse, de l'anneau, de la mitre, des gants, la bénédiction du nouvel Évêque.

L'Evêque qui va être sacré s'appelle jusqu'à la fin de la cérémonie, l'Evêque élu. L'Evêque qui fait la cérémonie est le Prélat consécrateur. Les deux Evêques qui sont aux côtés de l'Evêque élu prennent le nom d'Evêques assistants. L'Evêque le plus ancien se tient à la droite de l'évêque élu.

Le sacre d'un Evêque ne peut se faire qu'un dimanche ou un jour de la fête d'un apôtre. Pour y procéder un autre jour, il faut un indult spécial du Souverain Pontife.

Au jour désigné pour le sacre, on a préparé dans l'église deux autels, et un trône pour le Prélat consécrateur. Le grand autel doit servir pour dire la messe et pour faire toutes les cérémonies de la consécration. Il est garni d'une croix au milieu et de six chandeliers avec six grands cierges où sont attachées les armoiries du Pontife qui fait la cérémonie et celles de l'Evêque qui va être sacré.

Tout auprès, sur une crédence, on a disposé une aiguière avec des linges, l'eau bénite dans le bénitier, l'encensoir et l'encens, les burettes de vin et d'eau pour le saint sacrifice, le calice, des hosties, de la mie de pain pour s'essuyer les mains après les onctions liturgiques, le saint Chrême.

Le petit autel, qui est disposé dans le chœur, est moins orné ; il doit servir seulement au nouvel Evêque pour s'habiller, et pour dire de la messe tout ce qui précède l'offrande. Près de l'autel il y a aussi une crédence où sont disposés tous les objets qui doivent servir à la cérémonie, une aiguière et des linges, de la mie de pain, des bandes de toile, l'anneau épiscopal, un peigne d'ivoire, des cierges de quatre livres, des pains et des barillets de vin ; les pains et les barillets sont

couverts de papier d'or et d'argent et portent les
armes du Prélat consécrateur et de l'Evêque élu.

Ici et là, on a préparé les ornements. Pour le
Prélat consécrateur, ce sont l'amict, l'aube, le
cordon, la croix pastorale, l'étole, la tunique, la
dalmatique, la chasuble, les gants, la mitre,
l'anneau, la crosse, le manipule, le grémial. Les
ornements sont de la couleur commandée par la
fête du jour. Pour l'Evêque élu, ce sont les mêmes
ornements, mais ils sont de couleur blanche. On
y ajoute une chape et un bonnet carré.

On a aussi préparé un trône pour le consécrateur, et devant le grand autel trois sièges pour le
nouvel Evêque et ses deux assistants.

A l'heure désignée, tous ceux qui doivent
prendre part à la cérémonie entrent à l'église. Le
Prélat consécrateur fait une courte prière au pied
de l'autel et se rend à son trône où il est revêtu
des ornements pontificaux dans les formes accoutumées. Pendant ce temps, l'Evêque élu, accom-
pagné des deux Evêques assistants, se rend à son
autel pour se revêtir des ornements sacerdotaux,
c'est-à-dire de l'amict, de l'aube, du cordon, de
l'étole croisée sur la poitrine (1) et de la chape. Les
Evêques assistants sont revêtus du rochet, de
l'amict, de l'étole et de la chape ; ces ornements
sont de la couleur exigée par la fête du jour ; leur
mitre est la mitre blanche simple.

Lorsque les uns et les autres sont prêts, l'offi-

_______

(1) L'étole est un symbole de juridiction : les prêtres la portent
croisée sur la poitrine, parce que leur juridiction est restreinte, les
évêques la portent pendante, parce que leur juridiction est entière.

ciant-consécrateur quitte son trône et se rend à l'autel. Il s'assied sur le fauteuil qui lui a été préparé, tournant le dos à l'autel et le visage du côté des fidèles. Alors les deux Evêques assistants mitre en tête, amènent à l'autel l'Evêque élu qui n'a que son bonnet carré. Lorsqu'ils arrivent vers l'autel, près du Prélat officiant, l'Evêque élu se découvre, et fait à son consécrateur un profond salut ; les Evêques assistants, sans quitter leur mitre inclinent légèrement la tête.

Ils s'asseoient alors, celui qui va être sacré vis-à-vis du consécrateur, et les deux Assistants à ses côtés vis-à-vis l'un de l'autre. Après un court instant, l'Evêque élu se lève et se découvre ; les Evêques assistants se lèvent et quittent leur mitre, et le plus ancien des deux, s'adressant au Pontife consécrateur, lui dit :

Révérendissime Père, la sainte Eglise catholique vous demande d'élever ce Prêtre ici présent à la dignité d'Evêque.

Reverendissime Pater, postulat sancta mater Ecclesia ut hunc præsentum Presbyterum ad onus Episcopatus sublevetis.

L'Evêque consécrateur répond :

Avez-vous un mandat apostolique ?

Habetis mandatum apostolicum ?

Le premier assistant dit :

Nous l'avons.

Habemus.

Le consécrateur ordonne :

Qu'on le lise.

Legatur.

Alors le secrétaire du consécrateur s'avance, reçoit ce Mandat des mains de l'Evêque assistant et le lit à haute voix. La lecture faite, le consécrateur dit :

Deo gratias.                         Remercions Dieu.

Cela étant fait, l'Evêque qui doit être sacré quitte son siège, va se mettre à genoux devant le célébrant, et récite la formule du serment qui suit :

## FORMULE DU SERMENT

Ego *N.* electus ecclesiæ *N.*, ab hâc horâ in antea, fidelis et obediens ero beato Petro apostolo, sanctæque romanæ Ecclesiæ, et domino nostro domino *N.* Papæ *N.* suisque successoribus canonice intrantibus.

Non ero in consilio, aut consensu, vel facto, ut vitam perdant, aut membrum ; seu capiantur malâ captione, aut in eos violenter manus quomodolibet ingerantur ; vel injuriæ aliquæ inferantur, quovis quæsito colore. Consilium vero, quod mihi credituri sunt per se aut nuntios suos, seu litteras, ad eorum damnum, me sciente, nemini pandam.

Je *N.* élu pour l'église de *N.*, serai dès à présent et à jamais fidèle et obéissant à l'apôtre saint Pierre, à la sainte Eglise romaine, à notre saint père le Pape *N.* et à ses successeurs légitimes.

Je ne contribuerai ni par mes conseils, ni par mon consentement, ni par mes actions, à leur ôter la vie, non plus qu'à aucun mauvais traitement qu'on voudrait exercer contre eux, sous quelque prétexte que ce pût être. Et à l'égard des secrets qu'ils m'auront confiés, soit par eux-mêmes, soit par leurs nonces ou par écrit, je ne les révèlerai à personne à leur préjudice.

Je les aiderai contre tous, autant que mon rang le pourra permettre, à conserver et à défendre le siège de Rome et les droits souverains de saint Pierre.

Je traiterai avec honneur le Légat du Siège apostolique dans ses voyages, et le secourrai dans ses nécessités.

J'aurai soin de conserver, de défendre et d'augmenter les droits, honneurs, priviléges et autorité de la sainte Eglise Romaine, de notre saint père le Pape et de ses successeurs ; et je n'entrerai ni par moi, ni par mes conseils dans aucun traité dans lequel on entreprendrait contre le saint Père ou l'Eglise Romaine quelque chose de désavantageux ou de préjudiciable à leurs personnes, droits, honneurs, Etats et autorité ; et si je découvre de pareilles entreprises, je m'y opposerai de tout mon pouvoir, et j'en donnerai avis, le plus tôt que je pourrai, ou à notre saint Père même, ou à quelqu'autre qui puisse le lui faire savoir.

Papatum romanum et regalia sancti Petri, adjutor eis ero ad retinendum et defendendum, salvo meo ordine, contra omnem hominem.

Legatum Apostolicæ Sedis eundo et redeundo honorificè tractabo, et in suis necessitatibus adjuvabo.

Jura, honores, privilegia et auctoritatem sanctæ Romanæ Ecclesiæ, domini nostri Papæ et successorum prædictorum, conservare, defendere, augere et promovere curabo. Neque ero in consilio, vel facto, seu tractatu, in quibus contra ipsum dominum nostrum, vel eamdem Romanam Ecclesiam, aliqua sinistra, vel prejudicialia personarum, juris, honoris, statûs et potestatis eorum machinentur ; et si talia à quibuscumque tractari, vel procurari novero, impediam hoc pro posse ; et quanto citiùs potero, significabo eidem Domino nostro, vel alteri per quem possit ad ipsius notitiam pervenire.

Regulas sanctorum Patrum, decreta, ordinationes seu depositiones, reservationes, provisiones et mandata Apostolica, totis viribus observabo, et faciam ab aliis observari.

Hæreticos, schismaticos et rebelles eidem domino nostro vel successoribus prædictis, pro posse persequar et impugnabo.

Vocatus ad Synodum, veniam, nisi præpeditus fuero canonicà præpeditione.

Apostolorum limina singulis trienniis personaliter per me ipsum visitabo; et domino nostro, ac successoribus præfatis, rationem reddam de toto meo pastorali officio, ac de rebus omnibus ad meæ Ecclesiæ statum, ad Cleri et Populi disciplinam, animarum denique quæ meæ fidei traditæ sunt salutem, quovis modo pertinentibus; et vicissim mandata Apostolica humiliter recipiam, et quàm diligentissimè exequar.

J'observerai et ferai observer, autant qu'il me sera possible, les règles des saints Pères, les décrets, ordonnances, réservations, provisions et mandats Apostoliques.

Je poursuivrai et combattrai, de tout mon pouvoir, les hérétiques, les schismatiques, et tous ceux qui résistent ou voudraient résister à notre saint père le Pape et à ses successeurs.

Lorsque je serai appelé au Concile, je m'y trouverai, à moins qu'il n'y ait quelque cause légitime qui m'en empêche.

J'irai visiter tous les trois ans l'Eglise des saints Apôtres, et je rendrai compte à notre saint père le Pape, et à ses successeurs, de mon ministère, de l'état de mon Eglise, du régime de mon Diocèse, et de tout ce qui regarde le salut des âmes qui ont été confiées à ma conduite, et ensuite je recevrai humblement les ordres du Saint-Siège, et les exécuterai avec tout le soin possible.

Que si je ne suis pas en état de faire ce voyage, j'y suppléerai en envoyant quelqu'un chargé de ma procuration, soit chanoine, ou dignitaire, ou personnat de mon église, ou, à leur défaut, un prêtre de mon diocèse ; ou enfin un autre prêtre, séculier ou régulier d'une vertu et probité reconnues, et qui sera instruit de toutes ces choses et des raisons légitimes qui m'auront empêché d'y aller moi-même.

Je ferai connaître cet empêchement, et en apporterai les preuves légitimes qui seront transmises par le prêtre susdit, au Cardinal de la sainte Eglise Romaine, chargé de proposer les affaires dans l'assemblée du sacré Consistoire.

Je promets aussi, à l'égard des biens de mon évêché, de ne les vendre, donner, engager, inféoder de nouveau, ni aliéner en quelque manière que ce puisse être, même avec le consentement du Chapitre de mon Eglise, sans la participation de notre saint Père ; et s'il

Quod si legitimo impedimento detentus fuero, præfata omnia adimplebo per certum Nuntium ad hoc speciale mandatum habentem, de gremio mei Capituli, aut alium in dignitate Ecclesiasticâ constitutum, seu alias personatum habentem ; aut, his mihi deficientibus, per diœcesanum Sacerdotem et Clero deficiente omnino, per aliquem alium Presbyterum, secularem vel regularem, spectatæ probitatis et religionis, de suprà dictis omnibus plenè instructum.

De hujusmodi autem impedimento docebo per legitimas probationes, ad sanctæ Romanæ Ecclesiæ Cardinalem proponentem in Congregatione sacri Concilii, per suprà dictum Nuntium transmittendas.

Possessiones vero ad mensam meam pertinentes non vendam, nec donabo, neque impignorabo, nec de novo infendabo, vel aliquo modo alienabo, etiam cum consensu Capituli Ecclesiæ meæ, inconsulto Romano Pontifice ; et si ad aliquam alienationem devenero, pœnas in quâdam super hoc editâ constitutione contentas, eo ipso incurrere volo.

m'arrive d'en user autrement, je me soumets aux peines portées par les Constitutions.

Cette formule prononcée, il met la main sur le livre des Evangiles qui est ouvert devant le consacrant, et il dit en manière de serment :

Sic me Deus adjuvet, et hæc sancta Dei Evangelia.

Ainsi Dieu me soit en aide, et ses saints Evangiles.

Et le consacrant conclut en disant :

Deo gratias.

Rendons grâces à Dieu.

Après ce serment, les deux Evêques assistants et celui qui doit être consacré vont prendre leurs places, et l'on procède à l'examen dans les termes qui suivent, lesquels regardent les points fondamentaux de la foi, les mœurs et la discipline ecclésiastique.

## EXAMEN

Le Consacrant dit :

Antiqua sanctorum Patrum institutio docet et præcipit, ut is qui ad Episcopatûs ordinem eligitur, antè diligentissimè examinetur cum omni caritate, de fide sanctæ Trinitatis ; et interrogetur de diversis causis, et moribus, quæ huic re-

Les anciennes règles que les saints Pères nous ont laissées, enseignent et ordonnent que celui qui est élu pour être Evêque, soit auparavant examiné et interrogé avec beaucoup de charité sur sa créance touchant la sainte Trinité, aussi bien que sur divers articles relatifs à la discipline et aux mœurs qui conviennent à cet état, et qu'il est nécessaire de conserver. Et cette pratique si sage, non seulement est conforme à la parole de l'Apôtre : N'IMPOSEZ LES MAINS A PERSONNE AVEC PRÉCIPITATION ; mais encore elle sert à instruire celui qui doit être ordonné, sur la manière dont il faut qu'il se conduise dans la maison de Dieu qui est l'Eglise ; et à empêcher que ceux qui lui imposent les mains en soient jamais repris ou blâmés. C'est donc par cette même autorité et pour satisfaire à un tel ordre, que nous vous demandons, mon très cher Frère, avec une charité sincère, si vous voulez régler toute votre conduite sur les maximes de la sainte Ecriture, autant que la faiblesse de votre nature vous le permettra.

gimini congruunt, ac necessaria sunt retineri , secundùm Apostoli dictum : MANUS NEMINI CITO IMPOSUERIS, et ut etiam is qui ordinandus est, erudiatur, qualiter sub hoc regimine constitutum oporteat conversari in Ecclesiâ Dei ; et ut irreprehensibiles sint qui ei manus ordinationis imponunt. Eâdem itaque auctoritate et præcepto, interrogamus te, dilectissime Frater, caritate sincerâ, si omnem prudentiam tuam, quantùm tua capax est natura, divinæ Scripturæ sensibus accommodare volueris.

Alors celui qui doit être sacré se lève de son siège, ôte son bonnet et répond :

Oui, je veux de tout mon cœur consentir et me soumettre à tout.

Ita, ex toto corde volo in omnibus consentire et obedire.

Le consacrant continue de l'interroger, et à chaque réponse, l'élu observe le même cérémonial.

Vis ea, quæ ex divinis Scripturis intelligis, plebem, cui ordinandus es, et verbis docere et exemplis ?

℟ Volo.

Vis traditiones orthodoxorum Patrum, ac Decretales sanctæ et Apostolicæ Sedis constitutiones, veneranter suscipere, docere ac servare ?

℟ Volo.

Vis beato Petro apostolo, cui a Deo data est potestas ligandi ac solvendi ; ejusque vicario Domino nostro, Domino N. Papæ N. suisque successoribus Romanis Pontificibus, fidem, subjectionem et obedientiam secundùm canonicam auctoritatem per omnia exhibere ?

℟ Volo.

Vis mores tuos ab omni malo temperare, et quantùm poteris, Domino adjuvante, ad omne bonum commutare ?

℟ Volo.

Voulez-vous enseigner par vos paroles et par vos exemples, au peuple pour lequel vous êtes ordonné Evêque, les choses que vous savez être contenues dans les saintes Ecritures ?

℟ Je le veux.

Voulez-vous recevoir avec respect, enseigner et garder les traditions des saints Pères, et les constitutions du Saint-Siège Apostolique ?

℟ Je le veux.

Voulez-vous être en tout fidèle, soumis et obéissant, selon l'autorité des saints Canons, à saint Pierre, apôtre, auquel Dieu a donné le pouvoir de lier et de délier ; à son vicaire, notre saint père le Pape N. et à ses successeurs les souverains Pontifes Romains ?

℟ Je le veux.

Voulez-vous éviter toute sorte de mal, et faire toute sorte de bien, autant qu'il vous sera possible avec l'aide de Dieu ?

℟ Je le veux.

Voulez-vous, avec le secours de Dieu, conserver la chasteté et la sobriété, et les enseigner aux autres ?

℟ Je le veux.

Voulez-vous être toujours uniquement attaché aux affaires de Dieu, et vous éloigner de celles du monde et de tout gain honteux, autant que la fragilité humaine vous le permettra ?

℟ Je le veux.

Voulez-vous conserver en vous l'humilité et la patience, et les enseigner aux autres ?

℟ Je le veux.

Voulez-vous, pour l'amour de Dieu, être affable et miséricordieux envers les pauvres, les étrangers et toutes sortes de personnes qui sont dans le besoin ?

℟ Je le veux.

Vis castitatem et sobrietatem, cum Dei auxilio, custodire et docere ?

℟ Volo.

Vis semper in divinis esse negotiis mancipatus, et à terrenis negotiis vel lucris turpibus alienus, quantùm te humana fragilitas consenserit posse ?

℟ Volo.

Vis humilitatem et patientiam in te ipso custodire, et alios similiter docere ?

℟ Volo.

Vis pauperibus et peregrinis, omnibusque indigentibus esse, propter nomen Domini, affabilis et misericors ?

℟ Volo.

Alors l'Evêque consécrateur lui dit :

Que le Seigneur vous donne ces biens et tous autres, et qu'il vous garde et vous fortifie en toute sorte de bonté.

Hæc omnia et cætera bona tribuat tibi Dominus, et custodiat te atque corroboret in omni bonitate.

Et tous répondent :

Ainsi soit-il.

Amen.

## Demandes touchant la Foi

Credis, secundùm intelligentiam et capacitatem sensûs tui, sanctam Trinitatem, Patrem, et Filium, et Spiritum sanctum, unum Deum omnipotentem ; totamque in sancta Trinitate deitatem, coessentialem, consubstantialem, coæternam et coomnipotentem, unius voluntatis, potestatis et majestatis ; creatorem omnium creaturarum, à quo omnia, per quem omnia, et in quo omnia quæ sunt in cœlo et in terrâ, visibilia et invisibilia, corporalia et spiritualia ?

℟ Assentio, et ita credo.

Croyez-vous, selon la portée de votre esprit, la sainte Trinité, le Père, le Fils et le Saint-Esprit, un seul Dieu tout-puissant, et toute la divinité dans la sainte Trinité, coessentielle, consubstantielle, coéternelle et toute-puissante ; n'ayant qu'une seule volonté, puissance et majesté ; créateur de toutes les créatures, de qui, par qui et en qui sont toutes les choses du ciel et de la terre, visibles et invisibles, corporelles et spirituelles ?

℟ C'est mon sentiment, et je le crois ainsi.

Credis singulam quamque in sanctâ Trinitate personam unum Deum, verum, plenum et perfectum ?

℟ Credo.

Croyez-vous que chaque personne de la sainte Trinité est un seul et vrai Dieu, dans toute sa perfection et toute sa plénitude ?

℟ Je le crois.

Credis ipsum Filium Dei, Verbum Dei, æternaliter natum de Patre ; consubstantialem, coomnipotentem et coæqualem per omnia Patri in divinitate ; temporaliter natum de Spiritu sancto ex

Croyez-vous le Fils de Dieu, Verbe de Dieu, né éternellement du Père, tout-puissant comme lui, consubstantiel et égal en tout à lui dans sa divinité ; né dans le temps, par la vertu du Saint-Esprit, de

Marie toujours vierge, avec une âme raisonnable; ayant deux naissances, l'une éternelle du Père, l'autre temporelle de la Mère; vrai Dieu et vrai homme; conservant la propriété et la perfection de chaque nature; n'étant fils adoptif, ni homme seulement en apparence; mais unique et un seul Fils de Dieu, en deux natures et de deux natures dans l'unité de personne; impassible et immortel, quant à la Divinité, mais qui a véritablement souffert dans son humanité pour nous et pour notre salut; qui a été enseveli, qui est ressuscité, le troisième jour, d'une véritable résurrection, qui est monté au ciel, quarante jours après sa résurrection, avec la même âme et la même chair avec laquelle il était ressuscité; qui est assis à la droite du Père, d'où il viendra juger les vivants et les morts, et rendra à chacun suivant ses œuvres, bonnes ou mauvaises?

℟ C'est mon sentiment, et je crois toutes ces choses.

Mariâ semper Virgine, cum anima rationali; duas habentem nativitates, unam ex Patre æternam, alteram ex matre temporalem; Deum Verum et hominem verum; proprium in utrâque naturâ atque perfectum, non adoptivum, nec phantasmaticum; sed unicum, et unum Filium Dei, in duabus et ex duabus naturis, sed in unius personæ singularitate; impassibilem, et immortalem divinitate, sed in humanitate pro nobis, et pro salute nostrâ passum vera carnis passione; et sepultum, ac tertiâ die resurgentem à mortuis verâ carnis resurrectione : die quadragesimo post resurrectionem cum carne, quâ resurrexit, et animâ ascendisse ad cœlum, et sedere ad dexteram Patris; inde venturum judicare vivos et mortuos; et redditurum uniquique secundùm opera sua, sive bona fuerint, sive mala?

℟ Assentio, et ita per omnia credo.

Credis etiam Spiritum sanctum, plenum et perfectum verumque Deum, à Patre et Filio procedentem, coæqualem et coessentialem, coomnipotentem et coæternum per omnia Patri et Filio ?

℟ Credo.

Credis hanc sanctam Trinitatem, non tres Deos, sed unum Deum omnipotentem, æternum, invisibilem, incommutabilem ?

℟ Credo.

Credis sanctam, catholicam et apostolicam unam esse veram Ecclesiam, in quà unum datur verum Baptisma, et vera omnium remissio peccatorum ?

℟ Credo.

Anathematisas etiam omnem hæresim, extollentem se adversùs hanc sanctam Ecclesiam catholicam ?

℟ Anathematiso.

Credis etiam veram resurrectionem ejusdem carnis, quam nunc gestas, et vitam æternam ?

℟ Credo.

Credis etiam Novi et Veteris Testamenti, Legis

Croyez-vous aussi le Saint-Esprit parfait et vrai Dieu, procédant du Père et du Fils, égal en tout à l'un et l'autre, ayant la même essence, la même toute puissance et la même éternité ?

℟ Je le crois.

Croyez-vous que ces trois personnes de la sainte Trinité ne sont pas trois Dieux, mais un seul Dieu tout puissant, éternel, invisible et incapable de changement ?

℟ Je le crois.

Croyez-vous que la sainte Eglise catholique et apostolique est la seule vraie Eglise, dans laquelle on donne un seul vrai Baptême et une vraie rémission de tous les péchés ?

℟ Je le crois.

Rejetez-vous et anathématisez-vous toute hérésie qui s'élève contre cette sainte Eglise catholique ?

℟ Je l'anathématise.

Croyez-vous la résurrection véritable de la chair que vous portez, et la vie éternelle ?

℟ Je le crois.

Croyez-vous aussi que le Seigneur Dieu tout-puissant est seul l'auteur du Nouveau et du Vieux Testament, de la Loi, et des écrits des Prophètes et des Apôtres ?

℞ Je le crois.

et Prophetarum, et Apostolorum, unum esse Auctorem Deum ac Dominum omnipotentem ?

℞ Credo.

Ensuite l'Evêque consécrateur dit :

Que le Seigneur augmente en vous cette Foi, mon très cher et bien-aimé frère en Jésus-Christ afin que vous parveniez à la vraie et éternelle félicité.

Hæc tibi Fides augeatur à Domino, ad veram et æternam beatitudinem, dilectissime Frater in Christo.

Et tous répondent :

Ainsi soit-il.

Amen.

Cet examen fini, les Evêques assistants se lèvent avec celui qui doit être sacré, et le conduisent vers le consécrateur, dont il baise la main en se mettant à genoux devant lui.

Il se lève ensuite, et le consécrateur aussi, celui-ci dépose sa mitre, et, se mettant tous deux au bas du marche-pied, la face tournée vers l'autel, l'élu à gauche du consécrateur, pendant que les évêques assistants se tiennent debout devant leurs sièges, ils commencent la Messe en faisant le signe de la croix, et disant ensemble tout haut :

Au nom du Père, et du Fils, et du Saint-Esprit.

Ainsi soit-il.

Je m'approcherai de l'autel de Dieu.

— Du Dieu qui réjouit ma jeunesse.

In nomine Patri et Filii et Spiritus Sancti.

— Amen.

Introibo ad altare Dei.

— Ad Deum qui lætificat juventutem meam.

Pone, Domine custodiam ori meo.

Placez, Seigneur, une garde à ma bouche.

— Et ostium circumstantiæ labiis meis.

Et une porte exacte à mes lèvres.

Confitemini Domino quoniam bonus.

Confessez le Seigneur parce qu'il est bon.

— Quoniam in sæculum misericordia ejus.

Parce que sa miséricorde s'étend dans tous les siècles.

Ensemble ils disent en s'inclinant le *Confiteor*, auquel les servants répondent comme pour les messes ordinaires. Après le *Confiteor* des fidèles, ils reprennent :

Amen, fratres, per virtutem sanctæ crucis et per intercessionem beatæ et gloriosæ semperque Virginis Mariæ, et per merita omnium Sanctorum et Sanctarum Dei.

Mes Frères, par la vertu de la croix sainte et par l'intercession de la bienheureuse et glorieuse et toujours Vierge Marie, et par les mérites de tous les saints de Dieu.

Misereatur nostri omnipotens Deus, et dimittat nobis omnia peccata et perducat nos Dominus noster Jesus Christus cum suis Sanctis ad vitam æternam.

Que Dieu tout puissant ait pitié de nous, qu'il nous remette tous nos péchés et que Notre-Seigneur Jésus-Christ nous conduise avec ses saints à la vie éternelle.

— Amen.

Ainsi soit-il.

Ici on attache le manipule au bras gauche du consécrateur, et ils continent :

Absolutionem et veram remissionem omnium peccatorum vestrorum, per confessionem, contritionem, pœnitentiam, et per

Que le Père tout-puissant, le Seigneur tendre et miséricordieux vous accorde l'absolution, et la vraie rémission de tous vos péchés, par la confession, la contrition, la pénitence et par la satisfaction et le changement de vie.

Ainsi soit-il.

Notre secours est dans le nom du Seigneur.

Qui a fait le ciel et la terre.

Que le nom du Seigneur soit béni.

Dès maintenant et dans tous les siècles.

Seigneur, écoutez ma prière.

Et que mes cris arrivent jusqu'à vous.

Que le Seigneur soit avec vous.

Et avec votre esprit.

satisfactionem et emendationem [vitæ, tribuat vobis omnipotens Pater, pius et misericors Dominus.

— Amen.

Adjutorium nostrum in nomine Domini.

— Qui fecit cœlum et terram.

Sit nomem Domini benedictum.

— Ex hoc nunc et usque in seculum.

Domine, exaudi orationem meam.

— Et clamor meus ad te veniat.

Dominus vobiscum.

— Et cum spiritu tuo.

Alors le Prélat consécrateur monte à l'autel. Celui qui doit être sacré le salue et va au petit-autel, marchant entre les deux assistants.

Quand il est arrivé au-bas du marche pied, on lui ôte sa chape, et on l'habille en évêque ; on lui met au cou la croix pectorale, on décroise son étole pour la laisser pendante, on le revêt de la tunique, de la dalmatique, de la chasuble, on lui attache le manipule au bras gauche.

Ainsi revêtu, il monte à son autel au milieu des Evêques assistants, qui ont déposé leur mitre, en disant les prières accoutumées : *Conscientias nostras* et *Deus qui non mortem*, etc. Sans quitter le milieu de l'auel, il dit la Messe du jour, pendant que le consécrateur à son trône, et en même temps que lui la dit de son côté. Ils disent tous deux l'Introït et tout ce qui suit jusqu'après le Graduel et son verset.

Cette partie de la Messe n'a rien de particulier, si ce n'est cette raison que l'on ajoute à l'oraison du jour et sous une seule conclusion !

Adesto supplicationibus nostris, omnipotens Deus, ut quod humilitatis nostræ gerendum est ministerio, tuæ virtutis impleatur effectu ; per Dominum nostrum Jesum Christum Filium tuum, qui tecum vivit et regnat, in unitate Spiritûs sancti Deus, per omnia secula seculorum.

℟ Amen.

Ecoutez, ô Dieu tout-puissant ! nos très humbles supplications, afin que, dans ce que nous avons à faire de si grand, la faiblesse de notre ministère soit soutenue par l'efficace de votre vertu ; par notre Seigneur Jésus-Christ, votre Fils, qui vit et règne avec vous en l'unité du Saint-Esprit, par tous les siècles des siècles.

℟ Ainsi soit-il.

Le Graduel et le verset qui précède l'*Alleluia* finis, le consacrant se lève de son trône, et va s'asseoir dans le fauteuil devant l'autel, où l'Evêque élu est conduit par les deux Evêques aasistants, avec les mêmes cérémonies qu'auparavant ; et après qu'ils se sont assis tous trois, le consécrateur lui adresse ces paroles :

Episcopum oportet judicare, interpretari, consecrare, ordinare, offerre, baptizare et confirmare.

Un Evêque doit juger, interpréter, ordonner, offrir, baptiser et confirmer.

Et ensuite, se tenant debout, la mitre en tête, et les Evêques assistants se levant aussi, il s'adresse à tous ceux qui l'environnent, en leur disant :

Prions, mes très chers Frères, que la bonté de Dieu tout-puissant veuille bien, pour l'avantage de son Eglise, répandre sur cet Elu qui va être ordonné évêque l'abondance de ses grâces; par Jésus-Christ notre Seigneur.

℟ Ainsi soit-il.

Oremus, Fratres carissimi, ut huic Electo, utilitati Ecclesiæ providens, benignitas omnipotentis Dei, gratiæ suæ tribuat largitatem; per Christum Dominum nostrum.

℟ Amen.

Il se met alors à genoux, et les Evêques assistants de même, pendant que celui qui doit être sacré se proterne le visage contre terre au pied de l'autel, et demeure en cet état pendant que l'on chante ou que l'on récite les litanies des Saints.

## LITANIES DES SAINTS

Seigneur, ayez pitié de nous.

Kyrie, eleison.

Christ, ayez pitié de nous.

Christe, eleison.

Seigneur, ayez pitié de nous.

Kyrie, eleison.

Christ, écoutez-nous.

Christe, audi nos.

Christ, exaucez-nous.

Christe, exaudi nos.

Père céleste, qui êtes Dieu, ayez pitié de nous.

Pater de cœlis, Deus, miserere nobis.

Fili redemptor mundi, Deus, miserere nobis.

Spiritus sancte, Deus, miserere nobis.

Sancta Trinitas, unus Deus, miserere nobis.

Sancta Maria, ora pro nobis.

Sancta Dei Genitrix,
Sancta Virgo Virginum,
Sancte Michael,
Sancte Gabriel,
Sancte Raphael,
Omnes sancti Angeli et Archangeli,
Omnes sancti beatorum Spirituum Ordines,
Sancte Joannes-Baptista
Sainte Joseph.
Omnes sancti Patriarchæ et Prophetæ,
Sancte Petre,
Sancte Paule,
Sancte Andrea,
Sancte Jacobe (Zeb.),
Sancte Joannes,
Sancte Thoma,
Sancte Jacobe (Alph.),
Sancte Philippe,
Sancte Bartholomæe,
Sancte Matthæe,
Sancte Simon,
Sancte Thadæe,
Sancte Matthia,
Sancte Barnaba,
Sancte Luca,
Sancte Marce,

*ora pro nobis*

Fils rédempteur du monde, qui êtes Dieu, ayez pitié de nous.

Esprit saint, qui êtes Dieu, ayez pitié de nous.

Sainte Trinité, qui êtes un seul Dieu, ayez pitié de nous.

Sainte Marie, priez pour nous.

Sainte Mère de Dieu,
Sainte Vierge des Vierges,
Saint Michel,
Saint Gabriel,
Saint Raphaël,
Saints Anges et Archanges,
Saints Ordres des Esprits bienheureux,
Saint Jean-Baptiste,
Saints Patriarches et saints Prophètes,
Saint Pierre,
Saint Paul,
Saint André,
Saint Jacques (Zéb.),
Saint Jean,
Saint Thomas,
Saint Jacques (Alph.),
Saint Philippe,
Saint Barthélemi,
Saint Matthieu,
Saint Simon,
Saint Thadée,
Saint Mathias,
Saint Barnabé,
Saint Luc,
Saint Marc,

*priez pour nous*

| | |
|---|---|
| Saints Apôtres et Evangélistes, | Omnes sancti Apostoli et Evangelistæ, |
| Saints Disciples du Seigneur, | Omnes sancti Discipuli Domini, |
| Saints Innocents, | Omnes sancti Innocentes, |
| Saint Etienne, | Sancte Stephane, |
| Saint Laurent, | Sancte Laurenti, |
| Saint Vincent, | Sancte Vincenti, |
| Saint Fabien et saint Sébastien, priez pour nous. | Sancti Fabiane et Sebastiane, ora pro nobis. |
| Saint Jean et saint Paul, | Sancti Joannes et Paule, |
| Saint Côme et saint Damien, | Sancti Cosma et Damiane, |
| Saint Gervais et saint Protais, | Sancti Gervasi et Protasi, |
| Saints Martyrs, | Omnes sancti Martyres, |
| Saint Sylvestre, | Sancte Sylvester, |
| Saint Grégoire, | Sancte Gregori, |
| Saint Ambroise, | Sancte Ambrosi, |
| Saint Augustin, | Sancte Augustine, |
| Saint Jérôme, priez pour nous. | Sancte Hieronyme, ora pro nobis. |
| Saint Martin, | Sancte Martine, |
| Saint Nicolas, | Sancte Nicolae, |
| Saints Pontifes et saints Confesseurs, | Omnes sancti Pontifices et Confessores, |
| Saints Docteurs, | Omnes sancti Doctores, |
| Saint Benoît, | Sancte Benedicte, |
| Saint Antoine, | Sancte Antoni, |
| Saint Bernard, | Sancte Bernarde, |
| Saint Dominique, | Sancte Dominice, |
| Saint François, | Sancte Francisce, |
| Saints Prêtres et saints Lévites, priez pour nous. | Omnes sancti sacerdotes et Levitæ, ora pro nobis. |
| Saints Religieux et saints Ermites, | Omnes sancti Monachi et Eremitæ, |
| Sainte Marie Magdeleine | Sancta Maria Magdalena |
| Sainte Agathe, | Sancta Agatha, |
| Sainte Luce, | Sancta Lucia, |

| | |
|---|---|
| Sancta Agnes, ora pro nobis. | Sainte Agnès, priez pour nous. |
| Sancta Cæcilia, ora pro nobis. | Sainte Cécile, priez pour nous. |
| Sancta Catharina, ora. | Sainte Catherine, priez. |
| Sancta Anastasia, ora. | Sainte Anastasie, priez. |
| Omnes sanctæ Virgines et Viduæ, orate. | Saintes Vierges et saintes Veuves, priez. |
| Omnes Sancti et Sanctæ Dei, intercedite pro nobis. | O vous tous, Saints et Saintes de Dieu, intercédez pour nous. |
| Propitius esto; parce nobis, Domine. | O Dieu, soyez-nous favorable; pardonnez-nous Seigneur. |
| Propitius esto, exaudi nos, Domine. | Soyez-nous favorable; exaucez-nous, Seigneur. |
| Ab omni malo, libera nos Domine. | Délivrez-nous, Seigneur, de tout mal. |
| Ab omni peccato, libera nos Domine. | De tout péché, délivrez-nous, Seigneur. |
| Ab irâ tuâ, | De votre colère, |
| A subitaneâ et improvisâ morte, | De la mort subite et imprévue, |
| Ab insidiis diaboli, | Des embûches du démon, |
| Ab irâ, et odio, et omni mala voluntate, | De la colère, de la haine, et de toute mauvaise volonté, |
| A spiritu fornicationis, | De l'esprit de fornication, |
| A fulgure et tempestate, | Des feux de l'air et des tempêtes, |
| A morte perpetuâ, | De la mort éternelle, |
| Per mysterium sanctæ Incarnationis tuæ, | Par le mystère de votre sainte Incarnation, |
| Per Adventum tuum, | Par votre Avénement, |
| Per Nativitatem tuam, | Par votre Naissance, |
| Per Baptismum et sanctum Jejunium tuum, | Par votre Baptême et votre saint Jeûne, |

Par votre Croix et votre Passion,
Par votre Mort et votre Sépulture,
Par votre sainte Résurrection,
Par votre admirable Ascension,
Par l'avènement du St-Esprit consolateur,
Au jour du Jugement,
Quoique nous soyons pécheurs, exaucez-nous, s'il vous plaît.

*délivrez-nous Seigneur.*

Per Crucem et Passionem tuam,
Per Mortem et Sepulturam tuam,
Per sanctam Resurrectionem tuam,
Per admirabilem Ascensionem tuam,
Per Adventum Spiritûs sancti Paracleti,
In die Judicii,
Peccatores, te rogamus, audi nos.

*libera nos, Domine.*

Nous vous prions de nous pardonner,
Nous vous prions de nous faire grâce,
Nous vous prions de nous conduire à une véritable pénitence ;
Nous vous prions de gouverner et conserver votre Eglise ;
Nous vous prions de maintenir dans votre sacrée Religion le souverain Pontife et tous les Ordres de la Hiérarchie Ecclésiastique
Nous vous prions d'abaisser les ennemis de l'Eglise sainte ;
Nous vous prions d'établir une paix et une concorde véritable entre les Rois et les Princes chrétiens ;
Nous vous prions d'ac-

*exaucez-nous, s'il vous plaît. exaucez-nous, s'il vous plaît.*

Ut nobis parcas,

Ut nobis indulgeas,

Ut ad veram pœnitentiam nos perducere digneris,
Ut Ecclesiam tuam sanctam regere et conservare digneris,
Ut Domnum Apostolicum, et omnes Ecclesiasticos Ordines in tuâ sanctâ Religione conservare digneris,

Ut inimicos sanctæ Ecclesiæ humiliare digneris.
Ut Regibus et Principibus Christianis pacem, et veram concordiam donare digneris,
Ut cuncto Populo Chris-

*te rogamus, audi nos. te rogamus, audi nos.*

tiano pacem et unita-
tem largiri digneris,

Ut nosmetipsos in tuo
sancto servitio con-
fortare et conservare
digneris,
Ut mentes nostras ad
cœlestia desideria eri-
gas,

Ut omnibus benefacto-
ribus nostris sempi-
terna bona retribuas,

Ut animas nostras, fra-
trum, propinquorum,
et benefactorum nos-
trorum ab æternâ dam-
natione eripias,

Ut fructus terræ dare
et conservare digne-
ris,

Ut omnibus Fidelibus
defunctis requiem æ-
ternam donare digne-
ris,

*te rogamus, audi nos.* — *te rogamus, audi nos.*

corder une paix et
une union de foi et
d'amour à tous les
Peuples baptisés en
Jésus-Christ;
Nous vous prions de
nous fortifier et nous
maintenir dans la sain-
teté de votre service;
Nous vous prions d'é-
lever nos esprits vers
vous par des désirs
spirituels et célestes;
Nous vous prions de
récompenser tous nos
bienfaiteurs, en leur
donnant les biens é-
ternels;
Nous vous prions de
délivrer de la damna-
tion éternelle nos âmes
et celles de nos frères,
de nos proches et de
nos bienfaiteurs;
Nous vous prions de
nous donner et de
nous conserver les
fruits de la terre;
Nous vous prions d'ac-
corder le repos éter-
nel à tous les Fidèles
qui sont morts;

*exaucez-nous, s'il vous plaît.* — *exaucez-nous, s'il vous plaît.*

Pendant que les deux Evêques assistants, mitre
en tête, restent à genoux, prononçant les mêmes
paroles et donnant les mêmes bénédictions que
le consécrateur, celui-ci se lève, prend la crosse,

se tourne vers l'évêque élu prosterné à terre et le bénit trois fois :

Nous vous prions, Seigneur, de bénir cet Elu qui est ici présent ;
℞ Exaucez-nous, s'il vous plaît.

Ut hunc præsentem Electum bene ☩ dicere digneris ;
℞ Te rogamus, audi nos.

Nous vous supplions, Seigneur, de le bénir et de le sanctifier ;
℞ Exaucez-nous, s'il vous plaît.

Ut hunc præsentem Electum bene ☩ dicere et sanctificare digneris.
℞ Te rogamus, audi nos.

Nous vous prions de vouloir bien le bénir, le sanctifier et le consacrer ;

℞ Exaucez-nous, s'il vous plaît.

Ut hunc præsentem Electum bene ☩ dicere et sancti☩ficare conse☩crare digneris.
℞ Te rogamus, audi nos

Ensuite il se remet à genoux, et on poursuit les litanies jusqu'à la fin.

Nous vous supplions d'écouter nos vœux ; exaucez-nous, s'il vous plait.

Ut nos exaudire digneris, Te rogamus, audi nos.

O Fils de Dieu, exaucez-cez-nous, s'il vous plait.

Fili Dei, te rogamus, audi nos.

Agneau de Dieu, qui effacez les péchés du monde, pardonnez-nous Seigneur.

Agnus Dei, qui tollis peccata mundi, parce nobis, Domine.

Agneau de Dieu, qui effacez les péchés du monde, exaucez-nous Seigneur.

Agnus Dei, qui tollis peccata mundi, exaudi nos Domine.

| | |
|---|---|
| Agnus Dei, qui tollis peccata mundi, miserere nobis. | Agneau de Dieu, qui effacez les péchés du monde, ayez pitié de nous. |
| Christe, audi nos. | Christ, écoutez-nous. |
| Christe, exaudi nos. | Christ, exaucez-nous. |
| Kyrie, eleison. | Seigneur, ayez pitié de nous. |
| Christe, eleison. | Christ, ayez pitié de nous. |
| Kyrie, eleison. | Seigneur, ayez pitié de nous. |

Les litanies finies, tous se lèvent ; et l'Evêque officiant reste debout devant son fauteuil, celui qui doit être sacré va se mettre à ses pieds, et l'officiant, aidé par les deux Evêques assistants, lui met le livre des Evangiles ouvert sur les deux épaules, en le faisant un peu appuyer sur sa tête ; et ce livre demeure en cet état, toujours ouvert derrière lui, soutenu par un de ses aumôniers, jusqu'à ce qu'on le prenne pour le lui faire toucher après l'onction.

Ensuite l'Evêque consécrateur et les deux assistants touchent tous trois des deux mains la tête de celui qui doit être consacré, et qui est à genoux, et ils lui disent tous ensemble :

| | |
|---|---|
| Accipe Spiritum sanctum. | Recevez le Saint-Esprit. |

Après quoi le célébrant quittant sa mitre, et se tenant debout, dit cette prière avec la préface qui suit :

| | |
|---|---|
| Propitiare, Domine, supplicationibus nostris ; et, inclinato super hunc | Rendez-vous, Seigneur, favorable à nos très humbles prières ; et, par |

l'effusion de la grâce sacerdotale sur votre serviteur, versez sur lui la vertu de votre bénédiction; par notre Seigneur Jésus-Christ votre Fils, qui étant Dieu vit et règne avec vous en l'unité du Saint-Esprit.

Par tous les siècles des siècles.

℟ Ainsi soit-il.

℣ Le Seigneur soit avec vous;

℟ Et avec votre esprit.

℣ Elevez vos cœurs en haut.

℟ Nous les avons vers le Seigneur.

℣ Rendons grâces au Seigneur notre Dieu.

℟ Nous le devons et il est juste.

Il est vraiment de notre devoir et tout à fait juste, il est équitable et salutaire, Seigneur, Père saint, tout-puissant, Dieu éternel, que nous vous rendions grâces en tout temps et en tout lieu; vous, Seigneur, qui êtes l'honneur de toutes les dignités qui servent à votre gloire dans le sacré ministère; Dieu tout-puissant, qui, dans le secret de ces entretiens familiers que vous eûtes avec Moïse

famulum tuum cornu gratiæ Sacerdotalis, Bene ✝ dictionis tuæ in eum effunde virtutem; per Dominum nostrum Jesum Christum Filium tuum, qui tecum vivit et regnat in unitate Spiritûs sancti Deus,

Per omnia secula seculorum.

℟ Amen.

℣ Dominus vobiscum;

℟ Et cum spiritu tuo.

℣ Sursùm corda.

℟ Habemus ad Dominum.

℣ Gratias agamus Domino, Deo nostro.

℟ Dignum et justum est.

Verè dignum et justum est, æquum et salutare, nos tibi semper et ubiquè gratias agere; Domine, sancte Pater omnipotens, æterne Deus, honor omnium dignitatum quæ gloriæ tuæ sacris famulantur ordinibus; Deus, qui Moysen famulum tuum secreti familiaris affatu inter cætera cœlestis documenta culturæ, de habitu quoque indumenti sacerdotalis instituens, electum Aaron mystico amictu vestiri inter sacra jussisti, ut intelligentiæ sensum de exemplis priorum caperet secutura posteritas, ne eruditio doctrinæ tuæ ulli deesset ætati, cùm et apud veteres reverentiam ipsa significationum species obtineret, et apud nos certiora essent experimenta rerum quam ænigmata figurarum. Illius namque Sacerdotii anterioris habitus nostræ mentis ornatus est, et Pontificalem gloriam non jam nobis honor commendat vestium, sed splendor animarum ; quia et illa, quæ tunc carnalibus blandiebantur obtutibus, ea potiùs, quæ in ipsis erant, intelligenda poscebant. Et idcirco huic famulo tuo, quem ad summi Sacerdotii ministerium elegisti, hanc, quæsumus, Domine, gratiam largiaris, ut quidquid illa velamina in fulgore auri, in nitore gemmarum, et in multimodi operis varietate signabant, hoc in ejus moribus actibusque clarescat. Comple in Sacerdote tuo ministerii tui summam, et ornamentis totius glorificatio-

votre serviteur, parmi les autres enseignements que vous lui donniez touchant votre culte, ordonnâtes qu'Aaron, que vous aviez choisi pour l'élever à la dignité sacerdotale, serait revêtu d'un habit mystérieux dans ses fonctions, afin que, tous les âges du monde contribuant à notre instruction, nous la puissions trouver dans ces figures, et apprendre, par la vénération que ces anciens avaient pour elles l'attache et le respect que nous devons avoir pour la vérité qu'elles représentaient. Car toute la forme de l'habit de ce premier Sacerdoce ne marquait que l'ornement de nos âmes : et c'est de cette sorte de splendeur, non de celle des vêtements, que le Sacerdoce tire désormais sa véritable gloire, puisque même cet extérieur si éclatant n'était présenté aux yeux des hommes que pour les attirer insensiblement à l'intelligence des mystères qui y étaient renfermés. C'est pourquoi nous vous prions, Seigneur, de faire cette grâce à votre serviteur, que vous avez choisi pour l'élever au ministère du suprême Sacerdoce, que tout ce qui était figuré par les habits précieux de l'ancienne loi, enrichis d'or et de pierreries, éclate dans les mœurs et les actions de ce prêtre de la nouvelle alliance. Accomplissez en lui la fin de votre ministère, et, l'ayant revêtu de tous les ornements de votre gloire, sanctifiez-le par l'effusion de votre onction céleste.

nis instructum cœlestis unguenti rore sanctifica.

Après ces paroles, on enveloppe la tête de celui qui doit être sacré, d'une bande de toile blanche qu'on met autour de sa couronne, à cause de l'onction que l'on y va faire, pour empêcher que le saint Chrême ne découle dans les cheveux ; ensuite l'Evêque officiant se tourne vers l'autel, et, se mettant à genoux, entonne l'hymne suivante :

## VENI CREATOR

Venez, divin Créateur, Esprit saint, visitez les âmes de ceux qui sont à vous, comme étant votre ouvrage ; et remplissez de votre grâce céleste les cœurs que vous avez créés.

Veni, Creator Spiritus, Mentes tuorum visita ; Imple supernâ gratiâ Quæ tu creasti pectora.

Qui diceris Paraclitus,
Altissimi donum Dei,
Fons vivus, ignis, chari-
Et spiritalis unctio.  [tas,

C'est vous qui, dans les Ecritures, êtes appelé notre avocat et notre consolateur ; vous êtes le don du Dieu très haut, la source d'eau vive, le feu sacré des cœurs, la charité même, et l'onction spirituelle des âmes.

Tu septiformis munere,
Digitus paternæ dexteræ,
Tu rite promissum Patris,
Sermone ditans guttura.

C'est vous qui, vous communiquant à nous par les sept dons de votre grâce, êtes le doigt dont la main de Dieu écrit sa loi dans nos cœurs ; c'est vous que le Père éternel avait promis à l'Eglise, et qui, étant descendu sur les Apôtres avez rendu leur langue éloquente.

Accende lumen sensibus ;
Infunde amorem cordi-
                    [bus ;
Infirma nostri corporis
Virtute firmans perpeti.

Eclairez nos esprits de vos lumières, embrasez nos cœurs de votre amour, et fortifiez notre chair faible et fragile, par une vertu que rien ne puisse jamais ébranler.

Hostem repellas longiùs,
Pacemque dones proti-
                    [nùs ;
Ductore sic te prævio,
Vitemus omne noxium.

Repoussez loin de nous le démon, notre mortel ennemi ; faites-nous goûter votre paix, et soyez vous-même notre guide, afin que sous votre conduite nous évitions tous les piéges qui pourraient nous faire tomber dans le mal.

Per te sciamus da Patrem,

Donnez-nous une foi

vive et constante, qui nous fasse croire jusqu'à la mort un Dieu en trois personnes, le Père, le Fils et vous qui êtes l'Esprit procédant du Père et du Fils.

Noscamus atque Filium,
Te utriusque Spiritum,
Credamus omni tempore.

Gloire dans tous les siècles au Père, souverain Seigneur de l'univers ; au Fils, qui est ressuscité d'entre les morts ; et au Saint-Esprit notre consolateur.

℟ Ainsi soit-il.

Deo Patri sit gloria,
Et Filio qui à mortuis
Surrexit, ac Paraclito,
In seculorum secula.

℟ Amen.

A la fin du premier verset, il se lève, pendant que l'on continue de chanter l'hymne, il s'assied dans son fauteuil, prend la mitre, et ayant le grémial devant lui, il met le pouce droit dans le saint Chrême, qui lui est présenté, et le nouvel Evêque étant à genoux, il oint sa tête à l'endroit de la couronne, y formant d'abord une croix, et étendant ensuite l'onction sur tout le reste. Dans le même temps qu'il fait cette onction, il dit ces paroles :

Que votre tête soit ointe et consacrée dans l'ordre des Evêques par la bénédiction céleste.

Ungatur et consecratur caput tuum cœlesti benedictione, ordine Pontificali.

Ensuite il bénit trois fois la tête du consacré, en disant :

Au nom du Père, et du Fils, et du Saint-Esprit.
℟ Ainsi soit-il.

In nomine Pa✝tris, et Fi✝lii, et Spiritûs✝Sancti.
℟ Amen.

℣ Pax tibi;

℟ Et cum spiritu tuo.

℣ La paix soit avec vous;

℟ Et avec votre esprit.

Après que cette onction est faite, le consacrant essuie son pouce avec de la mie de pain; et le *Veni Creator* achevé, il quitte sa mitre, se lève de son fauteuil, et poursuit ainsi la préface qu'il a commencée :

Hæc, Domine, copiosè in caput ejus influat; hoc in oris subjecta decurrat; hoc in totius corporis extrema descendat; ut tui Spiritûs virtus et interiora ejus repleat, et exteriora circumtegat. Abundet in eo constantia fidei, puritas dilectionis, sinceritas pacis. Sint speciosi munere tuo pedes ejus ad evangelizandum pacem, ad evangelizandum bona tua. Da ei, Domine, ministerium reconciliationis in verbo et in factis, in virtute signorum et prodigiorum. Sit sermo ejus et prædicatio, non in persuasilibus humanæ sapientiæ verbis, sed in ostensione Spiritûs et virtutis. Da ei, Domine, claves regni Cœlorum, ut utatur, non glorietur potestate quam tribuis in ædificationem, non in

Que cette onction, Seigneur, se répande abondamment sur sa tête; qu'elle découle comme celle d'Aaron sur ses vêtements : qu'elle descende jusqu'aux extrémités de son corps : qu'elle soit le signe de l'effusion abondante de la vertu de votre Esprit, qui le remplisse au-dedans et le couvre au-dehors tout entier. Qu'on voie éclater en lui une foi ferme et constante, une charité pure, une paix sincère. Faites, par votre grâce, que ses pieds soient comme ceux dont il est écrit : *Qu'ils sont beaux les pieds de ceux qui annoncent partout l'Evangile de paix, qui annoncent les seuls vrais biens!* Donnez-lui, Seigneur, d'être le ministre de la réconciliation par ses paroles, par ses œuvres, et, s'il le faut pour le bien de votre Eglise, par la vertu des miracles et des prodiges. Qu'il emploie en prêchant, non les discours dont la sagesse humaine se sert pour persuader, mais les effets sensibles de votre esprit et de votre puissance. Donnez-lui les clefs du royaume des Cieux ; et que, sans se glorifier d'un tel pouvoir, il en use comme lui étant donné pour édifier, et non pour détruire. Que tout ce qu'il liera sur la terre, soit lié dans le ciel ; et que tout ce qu'il déliera sur la terre, soit délié dans le Ciel. Que les péchés soient retenus à ceux à qui il les retiendra ; qu'ils soient remis à ceux à qui il jugera à propos de les remettre. Que celui qui osera le maudire soit maudit lui-même, et que celui qui le bénira soit comblé de bénédictions. Qu'il soit ce serviteur sage et fidèle établi par vous, Seigneur, sur votre famille, pour leur distribuer, dans le temps propre, la nourriture dont ils ont besoin,

destructionem. Quodcumque ligaverit super terram, sit ligatum et in Cœlis ; et quodcumque solverit super terram, sit solutum et in Cœlis. Quorum retinuerit peccata, retenta sint ; et quorum remiserit, tu remittas. Qui maledixerit ei, sit ille maledictus ; et qui benedixerit ei, benedictionibus repleatur. Sit fidelus servus, et prudens, quem constituas tu, Domine, super familiam tuam, ut det illis cibum in tempore opportuno, et exhibeat omnem hominem perfectum. Sit sollicitudine impiger, sit spiritu fervens, oderit superbiam ; humilitatem ac veritatem diligat, neque eam unquàm deserat, aut laudibus, aut timore superatus. Non ponat lucem tenebras, nec tenebras lucem ; non dicat malum bonum, nec bonum, nec bonum malum. Sit sapientibus et insipientibus debitor, ut fructum de profectu omnium consequatur. Tribuas ei, Domine, Cathedram Episcopalem, ad regendum Ecclesiam tuam et plebem sibi commissam. Sis ci auctoritas, sis ei potestas, sis ei firmitas. Multiplica super eum benedictionem, et gratiam tuam ; ut ad exorandam semper misericordiam tuam tuo munere idoneus, et tuâ gratiâ possit esse devotus.

et rendre tous les hommes parfaits. Qu'infatigable au dehors dans tous ses devoirs, il conserve au dedans la ferveur de l'esprit. Qu'il haïsse l'orgueil, qu'il aime l'humilité et la vérité, ne l'abandonnant jamais, ni par l'amour des louanges, ni par le motif d'aucune crainte. Qu'il ne mette pas les ténèbres à la place de la lumière, ni la lumière à la place des ténèbres. Qu'il ne donne ni le nom de bien au mal, ni le nom de mal au bien. Qu'il se regarde comme étant redevable aux sages et aux insensés, aux savants et aux ignorants, afin qu'il tire du profit de l'avancement de tous. Que ce soit vous-même, Seigneur, qui l'établissiez dans la chaire de l'Episcopat, pour gouverner votre Eglise et le peuple qui lui est confié. Soyez vous-même son autorité, sa puissance et son appui. Multipliez sur lui vos dons et vos bénédictions, afin que, rempli de piété par votre grâce, il soit propre à implorer en tout temps, avec fruit, tant pour lui que pour les autres, votre divine miséricorde.

Il finit en disant d'une voix plus basse :

Per Dominum nostrum Jesum Christum Filium tuum, qui tecum vivit et regnat in unitate Spiritûs sancti Deus, per omnia secula seculorum.

℞. Amen.

Par notre Seigneur Jésus-Christ, votre Fils, qui étant Dieu vit et règne avec vous en l'unité du Saint-Esprit par tous les siècles des siècles.

℞ Ainsi soit-il.

Alors le prélat consécrateur entonne l'antienne

suivante à laquelle on ajoute le psaume *Ecce quam bonum* :

C'est ici cette huile de parfum mystérieuse, répandue sur la tête d'Aaron, qui descendit sur sa barbe, et découla jusque sur le bord de son vêtement. Le Seigneur a répandu ses bénédictions de siècle en siècle.

Unguentum in capite, quod descendit in barbam, barbam Aaron, quod descendit in oram vestimenti ejus. Mandavit Dominus benedictionem in seculum.

PSAUME 132

O que c'est une chose excellente et agréable que des frères vivent ensemble dans l'union !

Ecce quàm bonum et quàm jucundum habitare fratres in unum !

Sicut unguentum in capite, quod descendit in barbam, barbam Aaron;

Cette union est semblable à cette huile de parfum qui, répandue sur la tête d'Aaron, descendit sur sa barbe;

Quod descendit in oram vestimenti ejus; sicut ros Hermon qui descendit in montem Sion.

Qui découla ensuite jusque sur le bord de son vêtement; comme aussi à la rosée qui tombe sur la montagne d'Hermon, et à celle qui tombe sur la montagne de Sion.

Quoniam illic mandavit Dominus benedictionem, et vitam usque in seculum.

Car c'est là que le Seigneur répand ses bénédictions, et donne une vie éternelle.

Gloria Patri, et Filio, et Spiritui Sancto.

Gloire soit au Père, et au Fils, et aussi au Saint-Esprit;

Sicut erat in principio, et nunc, et semper, et in secula seculorum.

Et qu'elle soit telle aujourd'hui, et toujours, et dans les siècles des siècles, qn'elle a été dès le commencement et dans toute l'éternité.

℟ Amen.

℟ Ainsi soit-il.

Le psaume fini, on répète l'antienne *Unguentum.*

Pendant le chant précédent, l'Evêque élu s'est mis à genoux devant son consécrateur. On lui a mis au cou une bande de toile qui doit lui servir comme d'écharpe pour soutenir ses mains lorsqu'elles auront été ointes. L'Evêque officiant s'assied, reçoit sa mitre et prend les deux mains de l'Elu ouvertes l'une auprès de l'autre et les consacre en les oignant toutes deux ensemble. De son pouce trempé dans le saint chrême, il trace deux lignes en forme de croix, l'une du pouce de la main droite à l'index de la main gauche, l'autre du pouce de la main gauche à l'index de la main droite, puis il étend l'onction sur le reste de la paume de chaque main, en récitant cette prière :

Que ces mains soient ointes de cette huile sanctifiée et de ce saint Chrême : et que, par une onction aussi efficace que celle que David reçut de Samuel, lorsqu'il fut consacré roi et prophète, elles soient tout de même consacrées.

Au nom de Dieu, Père, Fils et Saint-Esprit, pour pouvoir former avec fruit en bénissant et en consacrant, la figure de la sainte croix de notre Sauveur Jésus-Christ, qui nous a rachetés de la mort et conduits au royaume des cieux.

Exaucez-nous, Père miséricordieux et tout-puissant, Dieu éternel ; et accordez-nous ce que nous vous demandons ; par le même Jésus-Christ notre Seigneur.

℞ Ainsi soit-il.

Ungantur manus istæ de oleo sanctificato, et chrismate sanctificationis sicut unxit Samuel David regem, et prophetam, ita ungantur, et consecrentur ;

In nomine Dei Pa☩tris, et Fi☩lii, et Spiritûs ☩ sancti ; facientes imaginem sanctæ crucis Salvatoris nostri Jesu Christi, qui nos à morte redemit, et ad regna cœlorum perduxit.

Exaudi nos, pie Pater omnipotens, æterne Deus ; et præsta ut quod te rogamus, exoremus ; per eumdem Jesum Christum Dominum nostrum.

℞ Amen.

Le consécrateur dit encore :

Deus et Pater Domini nostri Jesu Christi, qui te ad Pontificatûs sublimari voluit dignitatem, ipse te chrismate et mysticæ delibutionis liquore per fundat, et spiritualis bene † dictionis ubertate fecundet; quidquid bene † dixeris, benedicatur; et quidquid sanctificaveris, sanctificetur; et consecratæ manûs istius, vel pollicis impositio cunctis proficiat ad salutem.

℟ Amen.

Que Dieu Père de Jésus-Christ notre Seigneur, qui a bien voulu vous élever à la dignité de l'Episcopat, vous oigne lui-même, vous arrose de la liqueur de son onction mystérieuse, et vous donne par l'abondance de ses bénédictions une fécondité spirituelle; que tout ce que vous bénirez soit béni, que tout ce que vous sanctifierez soit sanctifié, et que l'imposition de vos mains consacrées serve au salut de tous.

℟ Ainsi soit-il.

Cette prière finie, le consacré joint ses deux mains l'une contre l'autre, tenant la gauche renversée et la droite appliquée dessus pour empêcher que le saint Chrême ne coule par terre, et il les appuie en cet état sur la bande de toile qui pend à son cou en manière d'écharpe.

Le consécrateur, après avoir essuyé son pouce avec de la mie de pain, quitte sa mitre, se lève pour bénir la crosse du nouvel Evêque, si elle ne l'est pas déjà ; il dit :

**PRIONS**

O Dieu qui êtes l'appui de la faiblesse humaine, bénissez ce bâton pasto-

**OREMUS**

Sustentator imbecillitatis humanæ Deus, bene †dic baculum istum, et

ral; et faites par votre miséricorde, que ce qu'il signifie extérieurement, s'accomplisse intérieurement dans la vie et les mœurs de votre serviteur; par Jésus-Christ, notre Seigneur.

℟ Ainsi soit-il.

quod in exteriùs designatur, interiùs in moribus hujus famuli tui, tuæ propitionis clementiâ operetur; per Christum Dominum nostrum.

℟ Amen.

Il jette en même temps de l'eau bénite sur la crosse, puis il la met lui seul entre les doigts du consacré, sans néanmoins séparer ses mains, et il lui dit :

Recevez ce bâton pour marque de l'office de pasteur que vous allez exercer. Joignez à la sévérité nécessaire pour corriger les vices, une douceur qui vous fasse juger et punir sans émotion. Tâchez d'entretenir doucement dans la pratique des vertus les esprits que vous avez à gouverner; mais avec cette conduite paisible ne vous départez jamais de ce que l'exacte discipline peut demander de vous.

℟ Ainsi soit-il.

Accipe baculum pastoralis officii, ut sis in corrigendis vitiis piè sæviens, judicium sine irâ tenens, in fovendis virtutibus auditorum animos demulcens, in tranquillitate severitatis censuram non deserens.

℟ Amen.

Ensuite, s'il faut bénir l'anneau, le consécrateur quitte sa mitre, et se lève pour dire la prière suivante :

Seigneur, qui êtes le créateur et le conserva-

Creator et conservator humani generis, Dator

gratiæ spiritualis, largitor æternæ salutis, tu, Domine, emitte Bene✝dictionem tuam super hunc annulum; ut quicumque hoc sacro sanctæ fidei signo insignitus incesserit, in virtute cœlestis defensionis ad æternam vitam sibi proficiat; per Christum Dominum nostrum.

℞ Amen.

teur des hommes, qui répandez sur eux vos grâces, et qui leur préparez un bonheur éternel, faites descendre votre bénédiction sur cet anneau, afin que celui qui portera ce signe de la foi sainte et sacrée que nous vous devons, soit protégé et défendu par une force toute céleste, pour arriver à la vie éternelle; par Jésus-Christ notre Seigneur.

℞ Ainsi soit-il.

Il jette de l'eau bénite sur cet anneau, et s'asseyant avec sa mitre, il le met au quatriéme doigt de la main droite du consacré, en disant :

Accipe annulum, fidei scilicet signaculum; quatenûs sponsam Dei, sanctam videlicet Ecclesiam, intemeratâ fide ornatus, illibatè custodias.

℞ Amen.

Recevez cet anneau comme une marque de la fidélité inviolable avec laquelle vous devez garder l'épouse de Dieu, qui est la sainte Eglise.

℞ Ainsi soit-il.

Il prend ensuite le livre des Evangiles, que l'on a tenu ouvert jusque-là sur la tête et sur les épaules du consacré; et l'ayant fermé, il le lui donne, aidé par les Evêques assistants, et le lui fait toucher de ses mains, qui demeurent toujours jointes, il lui dit :

Accipe Evangelium, et vade, prædica populo tibi commisso ; potens est

Recevez l'Evangile, et allez l'annoncer au peuple dont vous êtes chargé;

car Dieu, qui vous le commande, a la puissance de vous donner toutes les grâces dont vous avez besoin pour le faire avec fruit. Il vit et règne dans tous les siècles des siècles.

℟ Ainsi soit-il.

enim Deus, ut augeat tibi gratiam suam, qui vivit et regnat in secula seculorum,

℟ Amen.

Enfin le consécrateur donne le baiser de paix au consacré, en lui disant :

La paix soit avec vous.

Pax tibi.

Les évêques assistants le lui donnent aussi, en lui disant la même parole ; et le consacré répond à chacun :

Et avec votre esprit.

Et cum spiritu tuo.

Alors le consacré, tenant ses deux mains dans la même position où il les a mises après avoir reçu l'onction sainte, la main droite appliquée sur la gauche, toutes deux soutenues par la bande de toile qui pend à son cou, retourne à son autel, marchant au milieu des deux évêques assistants. Lorsqu'il y est arrivé, et qu'il s'est assis, on lui essuie la tête avec de la mie de pain et un linge blanc ; on lui peigne ses cheveux avec un peigne d'ivoire ; et il lave ses mains, tandis que le consécrateur lave aussi les siennes.

Ensuite ils remontent, le consécrateur à son trône, le consacré à son autel, pour y reprendre la messe à l'endroit où ils l'ont laissée, et la poursuivre jusqu'à l'Offertoire.

Après l'offertoire, le consécrateur s'asseoit en mitre dans son fauteuil, au milieu de l'autel, le consacré va à lui, marchant comme à l'ordinaire entre les deux Evêques assistants, il se met à genoux, lui présente pour offrande deux flambeaux allumés, deux pains, dont l'un est doré et l'autre argenté, avec deux barils de même parure, auxquels, aussi bien qu'aux deux pains et aux deux flambeaux sont les armoiries du consécrateur et du consacré.

Le tout est porté avec cérémonies par six acolytes, qui viennent, les uns après les autres, en se rencontrant à propos pour faire les génuflexions et les révérences marquées par les rubriques.

L'offrande finie, le consécrateur lave ses mains, et se remet à l'autel pour continuer la messe. Alors le consacré monte à ce même autel, et va se mettre au côté de l'épître, au milieu des deux Evêques assistants. On met son missel devant lui, et il dit tout le reste de la messe en même temps que le consécrateur, lequel prononce tout haut ce que l'on a coutume de prononcer à voix basse dans les messes ordinaires, afin que le consacré puisse l'entendre, le suivre, et faire les mêmes inclinations, génuflexions et bénédictions que le consécrateur. Ils commencent de parler tous deux à la fois, par cette prière que l'on dit en offrant le pain et le vin. *Hanc oblationem, etc.*

Quoiqu'ils doivent communier tous deux, on ne met sur la patène qu'un pain, dont le consécrateur prend la moitié lorsqu'il communie, et donne l'autre au consacré. Pour ce qui est du calice, on y met plus de vin qu'à l'ordinaire, parce que le consacré en doit prendre aussi une portion de la main du consécrateur, et la messe se continue comme les messes ordinaires.

Après *l'Orate pro me fratres*, ils ajoutent à la secrète du jour une autre secrète. Le consécrateur dit :

Recevez, Seigneur, les offrandes que nous vous faisons pour votre serviteur ici présent; et conservez en lui vos dons par votre miséricorde. Nous vous le demandons par N. S. J. C. votre fils, qui étant Dieu, vit et règne avec vous en l'unité du Saint-Esprit, par tous les siècles des siècles.

℟ Ainsi soit-il.

Suscipe, Domine, munera quæ tibi offerimus pro hoc famulo tuo, et propitius in eo tua dona custodi ; per Dominum nostrum Jesum Christum Filium tuum, qui tecum vivit et regnat in unitate Spiritûs sancti Deus, per omnia secula seculorum·

℟ Amen.

Et le consacré dit, en s'appliquant cette prière :

Recevez, Seigneur, les offrandes que nous vous faisons POUR MOI, votre serviteur, et conservez EN MOI vos dons par votre miséricorde. Nous vous le demandons par, etc.

Suscipe, Domine, munera quæ tibi offerimus pro me famulo tuo, et propitius in me tua dona custodias ; per Dominum nostrum Jesum Christum Filium tuum, qui tecum vivit et regnat in unitate Spiritûs sancti Deus, per omnia secula seculorum.

℟ Amen.

Suivent la Préface, le Sanctus et le Canon de

la messe. La prière *hanc igitur oblationem* a une petite variante. Le consécrateur dit :

Hanc igitur oblationem servitutis nostræ, sed et cunctæ familiæ tuæ, quam tibi offerimus, etiam pro hoc famulo tuo, quem ad Episcopatûs ordinem promovere dignatus es, quæsumus, Domine, ut placatus accipias, et propitius in eo tua dona custodias ; ut quod divino munere consecutus est, divinis effectibus exequatur, diesque nostros in tuâ pace disponas ; atque ab æterna damnatione nos eripi, et in electorum tuorum jubeas grege numerari ; per Christum Dominum nostrum.

Nous vous prions donc Seigneur, de recevoir favorablement cette offrande de notre servitude, qui est aussi l'offrande de toute votre famille, que nous vous présentons encore pour votre serviteur, lequel vous avez daigné élever à l'ordre de l'Episcopat. Nous vous supplions de conserver en lui vos dons par votre bonté, afin qu'il accomplisse par un effet de votre puissance ce que vous lui avez donné par votre grâce. Et quant à nous, faites que nous jouissions de votre paix pendant cette vie, et qu'étant préservés de la damnation éternelle, nous soyons du nombre de vos élus ; par J. C. N. S.

℟ Amen.

℟ Ainsi soit-il.

Le consacré de son côté dit :

Hanc igitur oblationem servitutis nostræ, sed et cunctæ familiæ tuæ, quam tibi, offerimus, etiam pro me famulo tuo, quum ad episcopatûs ordinem pro-

Nous vous prions donc, Seigneur, de recevoir favorablement cette offrande de notre servitude, qui est aussi l'offrande de toute votre famille, que

nous vous présentons encore pour moi, votre serviteur, que vous avez daigné élever à l'ordre de l'Episcopat. Nous vous supplions de conserver en moi vos dons par votre bonté, afin que j'accomplisse par un effet de votre puissance ce que vous m'avez donné par votre grâce. Pour nous, faites que nous jouissions de votre paix pendant cette vie, et qu'étant préservés de la damnation éternelle, nous soyons du nombre de vos élus.

movere dignatus es, quæsumus, Domine, ut placatus accipias et propitius in me tua dona custodias, ut quod divino munere consecutus sum divinis effectibus exequar, diesque nostros in tuâ pace disponas, atque ab æterna damnatione nos eripi, et in electorum tuorum jubeas grege numerari.

La messe se poursuit ; l'Elévation, le Memento des morts, le Pater, l'Agnus Dei se disent comme dans les messes ordinaires. Après l'oraison *Domine Jesu Christe, qui dixisti Apostolis tuis : Pacem relinquo, etc.*, qui suit immédiatement l'*Agnus Dei*, et qui est l'endroit ordinaire où l'on donne la paix, le consacré s'approche du consécrateur pour la recevoir de lui, et, après qu'ils ont baisé l'autel l'un et l'autre, le consécrateur embrasse le consacré en lui disant :

La paix soit avec vous ;

Pax tecum ;

Le consacré répond :

Et avec votre esprit.

Et cum spiritu tuo.

Il porte ensuite la paix aux deux Evêques assistants, en commençant par l'ancien, et il leur dit à chacun en les embrassant :

La paix soit avec vous ;     Pax tecum ;

A quoi ils répondent :

Et cum spiritu tuo.     Et avec votre esprit.

Il poursuit la messe en se remettant à sa place : il dit les deux autres prières avant la communion.

Le consécrateur communie en prenant seulement une partie de l'hostie rompue ; il prend aussi une portion du sang avec la particule de l'hostie qui est dans le calice.

Il communie ensuite le consacré, qui se tient debout devant lui, en s'inclinant un peu pour recevoir le corps de Notre-Seigneur, et ensuite ce qui est resté du sang dans le calice. Le consécrateur partage aussi avec lui la première ablution, qui sert à purifier la bouche ; et comme le consacré n'a point touché de ses mains les saints mystéres, il ne purifie point ses doigts ; mais pendant que le consécrateur purifie les siens dans le calice et qu'il prend cette seconde ablution, le consacré passe avec les deux Evêques assistants de l'autre côté de l'autel qui est celui de l'Evangile, et là il dit les dernières oraisons, appelées postcommunion, dans le même temps que le consécrateur les récite du côté de l'épitre.

On commence par celle du jour, et on y joint celle qui est particulière pour le consacré, et ensuite toutes les autres commémorations qui se trouvent à faire.

Nous vous prions, Seigneur, de faire agir en nous dans toute sa force le grand remède de votre miséricorde, et de nous rendre tels, en nous guérissant de nos maux, que nous puissions vous plaire en toutes choses ; par Notre-Seigneur Jésus-Christ votre Fils, qui étant Dieu, vit et règne avec vous en l'unité du Saint-Esprit, par tous les siècles des siècles.

℟ Ainsi soit-il.

Plenum, quæsumus, Domine, in nobis remedium tuæ miserationis operare ; ac tales nos esse perfice propitius, et sic fove, ut tibi in omnibus placere valeamus ; per Dominum nostrum Jesum Christum Filium tuum, qui tecum vivit et regnat in unitate Spiritûs sancti Deus, per omnia secula seculorum.

℟ Amen.

Les oraisons finies, le consécrateur, après avoir dit à l'ordinaire au milieu de l'autel, *Ite Missa est*, ou *Benedicamus Domino*, suivant le temps, et *Placeat tibi sancta Trinitas, etc.* prend sa mitre (1) et donne la bénédiction solennelle.

La bénédiction donnée, le consécrateur s'assied dans son fauteuil, et le consacré vient se mettre à genoux devant lui, ayant son bonnet carré sur la tête, pour recevoir à la place du bonnet, la mitre qui lui est préparée.

Le consécrateur commence par la bénir, si elle ne l'est pas, et fait cette prière :

Seigneur Dieu tout-puissant dont la bonté

Domine Deus, Pater omnipotens, cujus præ-

_______________

(1) Si c'est un Archevêque, et qu'il soit en un lieu où il ait droit de porter sa croix archiépiscopale, il ne prend point la mitre pour donner la bénédiction ; mais il demeure découvert, par respect pour la croix qu'il trouve devant lui quand il se tourne vers le peuple.

clara bonitas est et virtus immensa, a quâ omne datum optimum et omne donum perfectum, totiusque decoris ornamentum, bene † dicere et sancti † ficare dignare hanc mitram hujus famuli tui Antistitis capiti imponendam ; per Christum Dominum nostrum.

℟ Amen.

éclate partout, et dont le pouvoir est immense ; qui êtes la source de tout ce qu'il y a de bon sur la terre, de tout ce qu'il y a de perfection, de tout ce qu'il y a de beauté ; daignez bénir et sanctifier cette mitre, qui doit être mise sur la tête de cet Evêque votre serviteur ; par J. C. N. S.

℟ Ainsi soit-il.

Il l'asperge d'eau bénite, puis il s'assied ; et ayant pris sa mitre, il met celle qu'il vient de bénir sur la tête du consacré, aidé dans cette action par les deux Evêques assistants ; et il dit cette prière :

Imponimus, Domine, capiti hujus Antistitis et agonistæ tui galeam munitionis et salutis, quatenùs, decoratâ facie et armato capite cornibus utriusque testamenti terribilis appareat adversariis veritatis ; et, te ei largiente gratiam, impugnator eorum robustus existat, qui Moysi famuli tui faciem ex tui sermonis consortio decoratam, lucidissimis tuæ claritatis ac veritatis cornibus insignisti ; et capiti Aaron Pontificis tui tiaram im-

Nous mettons, Seigneur, sur la tête de cet Evêque, qui doit combattre pour vous, un casque de défense et de salut, afin que, par cet ornement de son visage et cette armure de sa tête, qui représente la double force qu'il doit tirer de l'un et de l'autre testaments, il paraisse redoutable aux ennemis de la vérité, et qu'il les surmonte par la grâce que vous lui accorderez ; vous qui nous avez déjà figuré toutes ces choses, par les rayons de lumière dont vous ornâtes le visage de Moïse votre serviteur, dans l'entretien que vous eûtes avec lui sur la sainte montagne, et par la tiare que vous lui ordonnâtes qu'on mît sur la tête de votre Pontife Aaron. Nous vous le demandons par J. C. N. S.

℟ Ainsi soit-il.

poni jussisti; per Christum Dominum nostrum.

℟ Amen,

Le consécrateur bénit aussi les gants du consacré et dit cette prière :

Créateur tout-puissant, qui, après avoir formé l'homme à votre ressemblance, lui avez donné des mains capables de discernement, afin que l'esprit pût s'en servir comme d'un instrument pour faire le bien, lui ordonnant de les conserver pures et innocentes, pour pouvoir exécuter dignement les ordres de l'âme, et consacrer vos saints mystères ; daignez bénir et sanctifier ces gants, afin que toutes les fois que quelqu'un des saints Pontifes vos ministres voudra avec humilité en couvrir ses mains, votre miséri-

Omnipotens Creator, qui homini ad imaginem tuam condito manus discretionis insignitas, tanquam organum intelligentiæ, ad rectè operandum dedisti, quas servari mundas præcepisti, ut in eis anima dignè portaretur, et tua in eis dignè consecrarentur mysteria, bene † dicere, et sancti † ficare dignare manuum hæc tegumenta ; ut cuicumque ministrorum tuorum sacrorum Pontificum his velare manus suas cum humilitate voluerit, tam cordis quam operis ei munditiam, tuâ misericordiâ subministret ; per

Christum Dominum nostrum.

℟ Amen.

corde répande la pureté et l'innocence dans son cœur et dans ses actions : Par Jésus-Christ Notre-Seigneur.

℟ Ainsi soit-il.

Après cette prière, que le consécrateur finit en jetant de l'eau bénite sur les gants, il s'assied la mitre en tête, et les met aux mains du nouvel Evêque, conjointement avec les deux Evêques assistants, en disant :

Circumda , Domine , manus hujus ministri tui munditiâ novi hominis, qui de cœlo descendit, ut quemadmodum Jacob dilectus tuus , pelliculis hædorum opertis manibus, paternam benedictionem, oblato patri cibo potuque gratissimo, impetravit, sic et iste, oblatâ per manus suas hostiâ salutari, gratiæ tuæ benedictionem impetrare mereatur ; per Dominun nostrum Jesum Christum filium tuum, qui in similitudinem carnis peccati tibi pro nobis obtulit semetipsum.

℟ Amen.

Environnez, Seigneur, les mains de ce ministre de vos autels, de l'innocence du nouvel homme descendu du ciel, afin que, comme Jacob votre bien aimé, ayant les mains couvertes de peau de chevreaux, obtint la bénédiction de son père, après lui avoir présenté à manger et à boire, de même celui-ci, après avoir offert par ses mains l'hostie salutaire, mérite d'obtenir la bénédiction de votre grâce ; par Notre-Seigneur votre Fils, lequel avait pris la ressemblance de la chair du péché, et s'offrit à vous pour notre salut.

℟ Ainsi soit-il.

Aussitôt on lui remet l'anneau qu'on avait ôté de son doigt ; et le consécrateur se lève, prend le consacré par la main droite, le premier Evêque assistant le prenant par la gauche, et ils le placent tous deux dans le fauteuil où était le consécrateur. Si la cérémonie se fait dans l'église du consacré, on le fait asseoir sur son trône.

En quelque endroit qu'elle se fasse, le consécrateur lui met la crosse à la main, et ensuite, se retirant un peu vers le coin de l'autel du côté de l'Evangile, et se tenant debout et sans mitre, il entonne le cantique *Te Deum laudamus* et demeure dans la même situation pendant qu'on le chante.

## TE DEUM

Nous vous louons, ô grand Dieu ! nous vous reconnaissons pour notre souverain Seigneur.

Te Deum laudamus, te Dominum confitemur.

Toute la terre vous révère comme le Père et la source éternelle de tout être.

Te æternum Patrem omnis terra veneratur.

Tous les Anges, les cieux et toutes les puissances,

Tibi omnes Angeli, tibi Cœli et universæ Potestates,

Les Chérubins et les Séraphins vous crient sans cesse à haute voix :

Tibi Cherubim et Seraphim incessabili voce proclamant :

Saint, Saint, Saint est le Seigneur, le Dieu des armées.

Sanctus, Sanctus, Sanctus, Dominus Deus Sabaoth.

Les cieux et la terre sont remplis de la grandeur et de l'éclat de votre gloire.

Pleni sunt Cœli et Terra majestatis gloriæ tuæ.

Te gloriosus Aposto-
lorum chorus.

Te Prophetarum lauda-
bilis numerus.

Te Martyrum candida-
tus laudat exercitus.

Te per orbem terrarum
sancta confitetur Eccle-
sia,

Patrem immensæ ma-
jestatis,

Venerandum tuum ve-
rum et unicum Filium,

Sanctum quoque para-
cletum Spiritum.

Tu Rex gloriæ, Christe!

Tu Patris sempiternus
es Filius !

Tu, ad liberandum sus-
cepturus hominem, non
horruisti Virginis uterum.

Tu, devicto mortis acu-
leo, aperuisti credentibus
regna cœlorum.

Tu ad dexteram Dei se-
des, in gloria Patris.

Judex crederis esse ven-
turus.

Te ergo, quæsumus,

Le chœur glorieux des
Apôtres,

La troupe vénérable des
Prophètes,

Et ces escadrons de
Martyrs vêtus de blanc,
célèbrent éternellement
vos louanges.

La sainte Eglise con-
fesse votre nom par toute
la terre.

O Père d'infinie ma-
jesté,

Et le nom adorable de
votre Fils véritable et
unique,

Avec celui du Saint-
Esprit consolateur.

Vous êtes le Roi de
gloire, ô Jésus !

Vous êtes le Fils éter-
nel du Père !

Et cependant, pour vous
revêtir de la nature hu-
maine, afin de la sauver,
vous n'avez pas dédaigné
d'être conçu et enfermé
dans le sein d'une Vierge.

Vous avez rompu l'ai-
guillon de la mort, et
vous avez ouvert aux fi-
dèles le Royaume du Ciel.

Vous êtes assis à la
droite de Dieu, dans la
gloire de votre Père.

Nous croyons que vous
êtes le Juge qui doit venir
juger l'univers.

Nous vous supplions

donc de nous protéger comme étant vos serviteurs ; que vous avez rachetés par votre précieux sang.

Mettez-nous au nombre de vos Saints, pour jouir avec eux de la gloire éternelle.

Seigneur, sauvez votre peuple, et bénissez ceux que vous avez choisis pour votre héritage.

Conduisez-les, et élevez-les jusque dans l'éternité.

Nous vous bénissons chaque jour,

Et nous louons votre nom à jamais, et dans la suite de tous les siècles.

Daignez, Seigneur, en ce jour, nous conserver sans péché.

Ayez pitié de nous Seigneur, ayez pitié de nous.

Et répandez sur nous vos miséricordes, selon que nous avons espéré en vous.

Car c'est en vous, Seigneur que j'ai mis mon espérance : ne permettez pas que je sois jamais confondu.

famulis tuis subveni, quos pretioso sanguine redemisti.

Æternâ fac cum Sanctis tuis in gloriâ numerari.

Salvum fac populum tuum, Domine, et benedic hæreditati tuæ.

Et rege eos, et extolle illos usque in æternum.

Per singulos dies benedicimus te ;

Et laudamus nomen tuum in seculum, et in seculum seculi.

Dignare, Domine, die isto sine peccato nos custodire.

Miserere nostri, Domine, miserere nostri.

Fiat misericordia tua, Domine, super nos, quemadmodum speravimus in te.

In te, Domine, speravi ; non confundar in æternum.

Dès qu'on l'a commencé, le consacré, conduit par les deux Evêques assistants (tous trois ayant leur Mitre), parcourt toute l'église, bénissant le peuple.

De retour à l'autel, il va se remettre dans le fauteuil, où il se tient assis, la mitre en tête et la crosse en main, jusqu'à ce que le cantique soit fini ; et les Evêques assistants vont se placer auprès du consécrateur, où ils se tiennent debout et découverts comme lui.

Le *Te Deum* fini, le consécrateur entonne l'antienne suivante que le chœur continue :

Que votre main s'affermisse, que votre droite s'élève et soit glorifiée ; que la justice et la sagesse fassent l'ornement de votre siège.

Gloire soit au Père, etc.

On répète cette antienne tout entière ; après quoi le consécrateur dit :

℣. Seigneur, exaucez ma prière,

℟. Et que mes cris s'élèvent jusqu'à vous.

℣. Le Seigneur soit avec vous.

℟. Et avec votre esprit.

℣. Domine, exaudi orationem meam.

℟. Et clamor meus ad te veniat.

℣. Dominus vobiscum,

℟. Et cum spiritu tuo.

**PRIONS**

Dieu, qui êtes le souverain Pasteur et Conducteur de tous les fidèles, regardez d'un œil favorable ce serviteur que vous avez élevé à la dignité de Pasteur de votre Eglise ; faites-lui la grâce d'être utile par ses paroles et par ses exemples à ceux qui sont sous sa conduite, afin qu'il puisse arriver à la vie éternelle avec le troupeau qui lui est confié ; par Jésus-Christ Notre-Seigneur.

℣ Ainsi soit-il.

**OREMUS**

Deus omnium fidelium pastor et rector, hunc famulum tuum, quæ ecclesiæ tuæ præesse voluisti, propitius respice : da ei, quæsumus, verbo et exemplo, quibus præest proficere, ut ad vitam, unà cum grege, sibi credito, perveniat sempiternam ; per Christum Dominum nostrum.

℟. Amen.

Le consacré se lève alors et se tourne vers l'autel pour se disposer à donner la bénédiction.

Il dit d'abord en faisant avec le pouce de la main droite une croix sur sa poitrine :

✠ Que le nom du Seigneur soit béni ;

℣ Sit nomen Domini benedictum ;

℟. Ex hoc nunc, et usque in seculum.

℟. Qu'il le soit à présent, et dans tous les siècles.

Il fait ensuite sur lui un signe de croix à l'ordinaire, en disant :

℣. Adjutorium nostrum in nomine Domini,

℟ Qui fecit cœlum et terram.

℣. Notre secours est dans le nom du Seigneur.

℟. Qui a fait le ciel et la terre.

Puis élevant et joignant les mains, et faisant une inclination de tête du côté de l'autel, il dit :

Benedicat vos omnipotens Deus,

Que Dieu tout-puissant vous bénisse,

Et se tournant vers le peuple, il donne trois bénédictions en disant :

Pa†ter, et Fi†lius, et Spiritus † Sanctus.

℟ Amen.

Dieu, Père, et Fils, et Saint-Esprit.

℟ Ainsi soit-il.

Après quoi le consécrateur prend sa mitre, et les Evêques assistants aussi ; ils se tiennent tous trois debout du côté de l'Evangile, et le consacré va en mitre et en crosse du côté de l'épître, de là l fait une génuflexion vers le consécrateur, en lui disant, par manière de remerciement : *ad multos annos* (vivez de longues années). Il lui répète ce souhait en s'approchant un peu plus de lui, et faisant une seconde génuflexion ; il en fait enfin une troisième à ses pieds, en lui disant pareillement : *Ad multos annos.* Mais à chaque fois qu'il prononce ces mots, il élève sa voix davantage, pour montrer qu'il ne saurait trop lui souhaiter de bien et lui marquer sa reconnaissance.

A la troisième fois, le consécrateur se baisse un peu dans le même temps que le consacré se relève; il l'embrasse et lui donne le baiser de paix. Les Evêques assistants en font de même, et reconduisent le consacré en sa chapelle pour le déshabiller.

En y allant, il marche la mitre en tête et la crosse à la main, et dit en chemin l'Evangile *In principio*, etc. de la fin de la messe.

Le consécrateur dit de son côté ce même Evangile, qu'il commence aussitôt après le baiser de paix donné au consacré.

Il va ensuite se déshabiller à son trône, en récitant l'action de grâces, pendant que le nouveau consacré en fait autant à sa chapelle.

Les quatre pontifes viennent enfin se mettre à genoux au pied de l'autel, comme à leur arrivée, adorent un instant le Saint-Sacrement, puis se lèvent ensemble et sortent processionnellement de l'église dans le même ordre qu'ils y sont entrés; le nouvel évêque porte la crosse et la mitre et bénit les fidèles agenouillés sur son passage.

Lyon. — Vitte & Perrussel, Imprimeurs de l'Archevêché.